Max Kuppelmayr

Waffen-Sammlung

Max Kuppelmayr

Waffen-Sammlung

ISBN/EAN: 9783337304645

Hergestellt in Europa, USA, Kanada, Australien, Japan

Cover: Foto ©Andreas Hilbeck / pixelio.de

Weitere Bücher finden Sie auf **www.hansebooks.com**

WAFFEN-SAMMLUNG

KUPPELMAYR

MÜNCHEN.

Einleitung.

DER hier vorliegende Band bildet den ersten Theil der vor 50 Jahren angelegten Kunst- und Alterthümer-Sammlungen meines zu München im Jahre 1888 verstorbenen Vaters, des Baumeisters **Max Kuppelmayr**, der durch rastlosen Eifer und Kenntniss in kürzester Zeit eine der bedeutendsten Privatsammlungen Deutschlands zusammenbrachte.

Dem meist nach mündlichen und schriftlichen Angaben sachlich verfassten Kataloge sind die sämmtlichen Waffenschmiedmarken der Sammlung in Facsimileabdruck nebst 30 Lichtdrucktafeln beigefügt, und der Ursprung nach Möglichkeit angegeben. Er umfasst eine in sich beinahe ganz geschlossene kulturgeschichtliche Entwickelung der Schutz- und Trutzwaffen des Mittelalters.

Die Stücke stammen aus allen Kulturländern der damaligen Zeit und ist nicht allein Deutschland und Österreich, sondern auch Italien, Spanien, Frankreich und nicht zum Wenigsten die Schweiz mit Prachtstücken und hervorragenden historischen Seltenheiten in bedeutender Anzahl vertreten.

München, im Januar 1895.

Rudolph Kuppelmayr.

a) Schutzwaffen.

I. Ganze Harnische.

No. 1. **Gothischer Kampf- und Prunkharnisch** 1450 bis 1490 mit Messingwulsten und ausgehauenen Lilien an den Orten.

Der **Schaller** mit aufschlächtigem Visiere, flachem Scheitelstücke und langem Nackenschutze, der wie auch das Visier mit einer Gräte endigt. Am Hinterkopf 2 Löcher und eines am Scheitel.

Die **Barthaube,** mittelst Federzapfen an der Brust festgesteckt, hat am abschlächtigen Obertheile eine ausgehauene Blume.

Der **Halsberg,** 3 mal geschoben, hat durchbrochene Blumen und Federzapfen für das Armzeug.

Die **Brust,** 2 mal geschiftet mit 2 grossen und 4 kleinen ausgehauenen Blumen an den Orten, aufschlächtigem Lanzenhaken und 3 mal geschobenem Schurz ohne Beintaschen.

Der **Rücken,** 2 mal geschoben, mit fächerartiger Canelirung und ausgehauenen Orten. Daran ein fächerartig canelirter Schurz mit ausgehauenen Orten und 3 Geschieben.

Die **Achseln**, mit Vorder- und Hinterfliegen nebst Lanzenausschnitt, sind 7 mal geschoben und an den Orten ausgehauen.

Die **Mäusel** sind stumpf und wie das Ober- und Unter-Armzeug canelirt.

Die **Fingerhandschuhe,** 5 mal geschoben, mit ausgehauenen Orten und spitzen Knöcheln, sind reich gekehlt.

Die **Diechlinge,** 6 mal geschoben, mit ausgehauenen Orten, 5 Blumen, Wulst und Canelirung, jedoch ohne Hinterschutz.

Die **Kniekacheln,** 5 mal geschoben, mit besonders fein ausgehauenen Orten und gekehlten Flügen.

Die **Beinschienen,** mittelst Drehzapfen unter den Knieen befestigt, haben innen Scharniere und Spornausschnitte.

Die **Schuhe,** mit langen Spitzen zum Abstecken, sind 11 mal geschoben.

Am Rücken Waffenschmiedsmarke.

Höhe 169 cm. Vermuthlich ehemals auf Schloss Spital in Kärnten. **Tafel 1. 8. 13.**

No. 2. **Gothischer Kampfharnisch.** 1450—1490.

Der **Schaller** mit aufschlächtigem Visiere, das den Augenschlitz offen lässt, abfallendem spitzem Nackenschutze, breit gedrücktem Kamme, fächerartiger Canelirung über der Stirne und verzierten Futterlöchern.

Die **Barthaube,** aus 2 Theilen, ist unten in der Mitte fächerartig canelirt.

Die **Brust** breit und gross, 2 mal geschiftet, mit 6 ausgehauenen Blumen und leichter Canelirung an den Armausschnitten und in der Mitte.

Der **Schurz** mit 3 ausgehauenen Bauchreifen und den angeschnallten gefalzten Beintaschen.

Der **Rücken,** mit 2 an den Orten ausgehauenen Geschieben und 3 Schoossreifen, ist tief gefalzt und an den Armausschnitten canelirt.

Das **Armzeug,** nach oben 3 mal und nach unten 4 mal geschoben, mit ausgehauenen Orten und Blumen, hat vorne und rückwärts grosse fächerartig canelirte Flüge.

Die an den Achseln mit Lederriemen befestigten Brechscheiben mit ausgehauenen Orten und vierkantigen Stacheln.

Die spitzen **Mäusel** sind wie das Unter-Armzeug canelirt.

Die **Handschuhe** sind halbfingerlange Fäustlinge, für die obersten Fingerglieder ursprünglich mit Kettenpanzer versehen, mit 8 ausgehauenen Geschieben und fächerartiger Canelirung.

Die **Diechlinge** sind fächerartig canelirt, 4 mal geschoben, an den Orten ausgehauen und mit Hinterschutz an Scharnieren versehen.

Die **Kniekacheln** 6 mal geschoben, mit ausgehauenen Orten und gefalzten Flügen.

Die **Beinröhren,** durch Mittelzapfen an den Knieen befestigt, mit Fersenausschnitt, sind mittelst Scharnieren zu öffnen.

Die **Schuhe** ohne Verbindung mit den Beinröhren, mit stumpfen Spitzen, 5 ausgehauenen Geschieben und Scharnieren für die Fersentheile.

Das Nürnberger Beschauzeichen findet sich auf Schaller, Brust, Rücken und vielen andern Theilen eingehauen.

Höhe 176 cm. Vermuthlich aus Jettenbach stammend. **Tafel 1. 8. 13.**

No. 3. **Uebergangsharnisch.** 1480—1510.

Der **Helm** (bourguignote) mit schwachem Kamme, kurzgestielter Scheibe, Wangen-Klappen und aufschlächtigem Visiere, welches mit Augenschlitz, 12 schrägen und 8 horizontalen Schlitzen nebst 13 Löchern und Aufschlagzapfen versehen ist.

Der **Halsberg,** aus 5 Vorder- und Hinter-Reifen nebst Feder und Steckzapfen.

Die **Brust,** einfach gewölbt, unten und an den Armausschnitten geschoben, mit 3 Bauchreifen ohne Beintaschen.

Der **Rücken,** sehr einfach, mit 3 mal geschobenem Schurze.

Das **Armzeug,** mit gespitzten Brechscheiben, ist 8 mal geschoben.

Die **Mäusel,** mit grossen Flügen, 3 mal geschoben und auf der linken Seite mit einem vertieft getriebenem Sterne versehen, der sich auf beiden Knieen wiederholt, dem Wappenzeichen der Freyberg.

Die **Handschuhe,** halbfingerlange Fäustlinge, für die obersten Fingerglieder ursprünglich mit Kettenpanzer versehen, sind 7 mal geschoben.

Die **Diechlinge,** 3 mal geschoben, mit breiten, gelochten Blechen unter den Kniekacheln, woran vermuthlich Leder- oder Kettenpanzer war.

Die **Beinröhren,** ohne Verbindung mit den Diechlingen und den Schuhen, sind mit Riemen und Schnallen zu schliessen und mit Fersenausschnitt versehen.

Die **Schuhe** mit kurzen, stumpfen Spitzen und 6 Geschieben haben Scharniere, Schnallen und Riemen an den Fersentheilen. An den Schuhen je 2 klare Marken.

Höhe 170 cm. Aus Hohenaschau; vermuthlich von Onufrius von Freyberg getragen. **Tafel 2, 13.**

No. 4. Ganz canelirter Maximiliansharnisch. 1510—1530.

Der **Helm** (bourguignote) mit 3 Wulsten, Federnhülse, aufschlächtigem Visiere, worin 22 verticale Schlitzen, nebst Hebezapfen. Das Visier greift in das Kinnreff ein.

Der **Halsberg,** 2 mal geschoben, mit Scharnier zu öffnen und Riemen für das Armzeug.

Die **Brust,** hoch gewölbt, mit grossen Strickwulsten und aufschlächtigem Lanzenhaken. An den 3 Bauchreifen sind 4 mal geschobene Beintaschen angeschnallt.

Der **Rücken** mit einmal geschobenem Schurze.

Das **Armzeug,** mit grossen Vorder- und Hinter-Flügen, Lanzenausschnitt, hohem Stosskragen, ist 5 mal geschoben und mit stumpfen Mäuseln versehen.

Die **Handschuhe,** (Hentzen), sind 10 mal geschoben.

Die **Diechlinge,** einmal geschoben, mit flachen Knieflügen.

Die **Bärenklauen,** welche mit den Beinröhren verbunden sind, haben 7 Geschiebe.

Am Helm, Brust, Rücken und der Vorder-Kappe des linken Schuhes eine Marke. Höhe 171 cm.

Vermuthlich aus einem Schlosse der v. Khevenhüller in Kärnten. **Tafel 2. 13.**

No. 5. Stechzeug. 1490—1530.

Der **Topfhelm,** aus 3 zusammengenieteten Platten mit flachem, fächerartig canelirtem Scheitelstücke, vorgeschobenem Sehspalte, 12 Futterlöchern, einem viereckigen Helmzierausschnitt oben, und 8 runden und 3 herzförmigen Luft- und Gehörlöchern an jeder Seite. Die vordere Platte reicht bis auf die Brust, woran sie mit 2 Kopfschrauben befestigt ist. Auf den Schultern die Klammern für die Armzeug-Riemen. Rückwärts die Zagelstange, welche mittelst verschraubbarem Kloben den Rücken fest verbindet.

Die **Brust** rechts vorgeschoben und fast rechtwinkelig zurückweichend, hat am Halse und Armausschnitte Brechränder, während sie unten abgehauen, mit 2 Löchern versehen und stark eingezogen ist. In der Mitte 3 doppelte Schraubenlöcher zum Verstellen und links die doppelten Löcher für den Tartschenzopf. Der vorspringende Lanzenhaken mit kleiner Stütze ist durch einen langen aufwärts greifenden Hinterkaken verlängert.

Der **Rücken** ganz canelirt und durch Eisenbänder, unter welchen die Riemen laufen, mit der Brust fest verbunden, ist unten gerade abgeschnitten und daran das canelirte »Schwänzel« genietet, woran zu beiden Seiten sich gelochte Lederstreifen befinden.

Das **Armzeug** durch Riemen am Helme befestigt, hat grosse gefalzte Hinterflüge, 5 Geschiebe und fächerartige Canelirung. Statt der Vorderflüge sind grosse Brechscheiben an Riemen vorgehängt.

Die **Mäusel** sind stumpf gespitzt mit flügelartig gefalztem Armbeugenschutz. Das linke Unterarmzeug ist mit der langen Hentze steif, das rechte ohne Handschuh und durch die grosse Lanzenbrechscheibe gedeckt.

Das **Magenblech** mittelst Flügelschraube an der Brust befestigt, mit 3 ausgehauenen Bauchreifen und 7 mal geschobenen Beintaschen versehen, welche abzustecken sind, um das Besteigen des Pferdes zu erleichtern.

Höhe bis zu den Beintaschen 110 cm. Vermuthlich aus dem Schlosse der Pfalzgrafen von Neuburg. **Tafel 5, 13.**

No. 6. Geschlitzter Maximiliansharnisch. 1520—1560.

Der **Helm,** mit niederem Wulste, 2 mal geschobenem Nackenschutze, Federnhülse und aufschlächtigem, vertical 22 mal geschlitztem Visiere, hat einen Hebezapfen, und ist Glocke, Visier und Kinnreff canelirt. Am Rande eine geätzte Ornamentleiste.

Der **Halsberg,** 3 mal geschoben, canelirt und mit Federzapfen für das Armzeug.

Die **Brust,** mit aufschlächtigem Lanzenhaken, 3 mal geschobenem Schurz nebst 4 fach geschobenen Beintaschen, ist mit geätzten Leisten und schlitzförmigen, geätzten Vertiefungen geziert.

Der **Rücken,** mit 2 mal geschobenem Schurze, ist gleich der Brust mit geätzten Leisten und Schlitzen versehen.

Das **Armzeug,** mit grossen Vorder- und Hinterflügen, Lanzenausschnitt und Stosskragen, ist 6 mal geschoben, mit sehr grossen Mäuseln versehen und ebenfalls wie die Brust geätzt.

Die **Fäustlinge,** mit 3 Wulsten und 11 Geschieben, sind sehr lang.

Die **Diechlinge,** oben einmal und an den Knien 4 mal geschoben, sind mittelst Drehzapfen mit den glatten Beinröhren verbunden.

Die **Bärenklauen,** 8 mal geschoben, sind an den Vorderklappenseiten schneckenförmig getrieben.

Am Helme eine Marke.

Höhe 175 cm. Ursprung unbekannt, vielleicht Oesterreich. **Tafel 3. 18.**

No. 7. Knabenharnisch für ein Alter von 8—10 Jahren. 1530—1560.

Der **Helm** von kugeliger Form mit starkem Wulste, 2 mal geschobenem Nackenschutze, an den Orten ausgefeilt, nebst

Wangenklappen und Federnhülse. Das Visier mit Augenschlitz, beiderseitig mit 5 schrägen und 4 horizontalen Schlitzen und 9 Löchern nebst Hebezapfen versehen.

Die **Brust** mit einer leichten Gräte und 3 Bauchreifen, woran 4 mal geschobene, eckig geformte Beintaschen mit ausgefeilten Orten befestigt sind.

Der **Rücken**, einmal geschoben, mit 3 Schoossreifen.

Das **Armzeug**, 5 mal geschoben, mit grossen Vorder und Hinterflügen, kleinen Mäuseln, welche den Arm umschliessen, und 4 mal geschobenen Fingerhandschuhen.

Die **Diechlinge** mit 3 mal geschobenen Kniekacheln, durch Drehzapfen mit den Beinröhren verbunden, woran die 8 mal geschobenen Entenschnabelschuhe befestigt sind.

Auf der Brust eine Marke.

Höhe 131 cm. Ursprung unbekannt, vielleicht Hochosterwitz in Kärnten. **Tafel 5.**

No. 8. **Kampfharnisch.** 1540—1570.

Der **Helm** mit niederem Kamme, hohem Kinnreffe und aufschlächtigem Visiere, das ausser dem Sehspalte 10 senkrechte und rechts noch 7 schräge Schlitze hat. Über dem Obertheile des Visieres ein Verstärkungsstück mit Sehspalt und Hebezapfen für das Turnier. Das Futter aus abgenähtem Zwilch, nebst blauem Vorstoss, ist noch erhalten.

Der **Halsberg** mit starkem Wulste, 4 Geschieben und Riemen für das Armzeug.

Die **Brust** hoch gewölbt, mit schwacher Gräte, getheilten Strickwulsten, 4 Bauchreifen, woran 5 mal geschobene Beintaschen geschnallt sind.

Der **Rücken** entsprechend mit 2 Schoossreifen.

Das **Armzeug** mit grossen Vorder- und Hinterflügen, 7 Geschieben und kleinen Mäuseln, worauf schneckenförmige Ornamente.

Die **Handschuhe** 7 mal geschoben, mit feststehendem Daumen am 4 ten Geschiebe.

Die **Diechlinge** mit leichter Gräte, oben 3 mal und unten 4 mal geschoben, mit schneckenförmigem Ornament auf den grossen Knieflügen.

Die **Beinröhren,** mittelst Drehzapfen an den Diechlingen befestigt, haben 9 mal geschobene Schuhe mit schneckenförmigem Ornamente auf den Vorderkappen.

Am Halsberge eine Marke.

Höhe 173 cm. Aus Hohenaschau, vermuthlich von Pankraz von Freyberg getragen.

Unter No. 22 ist eine Wechselbrust zum Turniere verzeichnet. **Tafel 3. 13.**

No. 9. **Pferdeharnisch.** 1530—1570.

Der **Rosskopf**, aus 2 Platten, hat auf der Stirne ein Schildchen mit gestieltem, dreieckigem Stachel, darüber eine flache Federnhülse mit Haken, und am Scharnier das mit 2 Löchern verstellbare Genickstück. Hinter den Augenausschnitten 2 messingverzierte Löcher für die Lederschnüre des Kopfgestells.

Der **Kanz** (Pferdehals) aus 10 übereinander liegenden Reifen gebildet, welche an Riemen mittelst verdeckter Nieten zusammenhängen. 3 Gurgelreifen aus kleinen Platten schützen den Untertheil des Halses. Nach unten ist der Kanz mit dem Sattel zusammengeschnallt. Das unter dem Rosskopf liegende Kopfgestell ist österreichisches Militärzeug aus den 30er Jahren.

Die **Kandare,** mit Kinnkette, Verbindungsstange und Kettchen, hat auf beiden Seiten getriebene Rosetten.

Die **Zügel,** aus breiten, sich gegen die Hand verjüngenden Blechstreifen, haben an den untersten Enden schneckenförmig getriebene Knöpfe. Unter diesen Blechstreifen sind die Lederzügel mit schwarzen verschiebbaren Wollkugeln.

Der **Fürbug,** weit vorspringend, aus 3 Platten, mit mächtigem Wulste, hat in der Mitte einen getriebenen Schild mit getriebenem Kreuze. Auf diesen Schild wurde später das Münchner Kindl gemalt. Der Fürbug ist um den Pferdehals und auf beiden Seiten an den Sattel geschnallt und ausserdem noch durch Steckzapfen mit den Flankentheilen verbunden, die unter den Satteltaschen durch eiserne Gabeln das Gelieger verbinden, und mit Verstell-Löchern versehen sind.

Der **Sattel,** im Sitz etwas modernisirt, mit niederem Sattelknopf, erhöhtem Hintersteg und ganz mit schwarzem Leder bezogen, hat vorne eine Riemenschlaufe nebst 2 Schnallen, rückwärts 3 Schnallen und unterhalb 2 Schnallen für Bauchgurt und Bügel.

W
1833

HANN

Die **Steigbügel,** weit und gross, haben durchbrochene Stege und Reifen und über den Riemenrollen Marken mit Zahlen.

Das **Gelieger,** aus kreuzweise übereinander mit Schuppen beschlagenen Riemen, 4 kleinen und einem grossen gewunden getriebenem Knopfe gebildet, hat am untern Ende den als Fortsetzung der Flankentheile breiten Blechstreifen, an welchen mittelst Steckzapfen grosse stumpfspitze Schenkelplatten hängen. Auf diesen Schenkelplatten ist je ein Wappen mit getriebenem Kreuze, das beiderseits durch später aufgemalte bayerische Wappen verdeckt ist. Unter den Geliegerknöpfen sind kleine viereckige Lederpolster.

Der **Pferdeschwanz,** mit 2 Schlitzen für das Schweifleder, ist mittelst Steckzapfen am Gelieger befestigt.

An den Zügeln, Fürbug und Schenkelplatten sind schwarze, gedrehte Wollfranzen und am Rosskopf schwarze Federn. Die Pferdedecke ist genau im echten Schnitt aus rothem Wollstoff mit goldgemalter Bordüre. Dieser Harnisch stammt aus dem Wiener Arsenale und wurde bis in die 50er Jahre bei Leichenfeierlichkeiten hoher Militärs gebraucht, was die noch theilweise schwarze Ausstattung beweist.

Das holzgeschnitzte Pferd ist künstlerisch von Jos. Beyrer sen. in München gefertigt. Höhe 164 cm. **Tafel 4.**

No. 10. **Feldharnisch.** 1560—1590.

Der **Helm** mit niederem Kamme, abfallendem, 2 mal geschobenem Kragen, Federnhülse und je 4 Luftlöchern, wovon 2 mit Rosetten eingefasst sind. Das doppelt aufschlächtige Visier mit Stellstange enthält im Obertheil den Augenschlitz und rechts 5 Schlitze, im Untertheil rechts 8 Schlitze und 6 Löcher. Das abgesteppte und wattirte Futter ist erhalten und auch das Kinnreff gefüttert.

Der **Halsberg,** 3 mal geschoben, mit Riemen für das Armzeug.

Die **Brust,** lang und weit, mit einer leichten Gräte und etwas Gänsebauch, woran 2 Bauchreifen mit zierlichen Messingschnallen für die 4 mal geschobenen Beintaschen.

Der **Rücken,** mit einem Schoossreifen und Scharnierlappen, welche in die Steckzapfen der Brust eingreifen.

Das **Armzeug,** mit grossen, 3 mal geschobenen Vorder- und Hinterflügen, 5 Oberarmgeschieben und geschlossenen Mäuseln.

Die **Handschuhe,** von etwas plumper Form, 7 mal geschoben mit geschuppten Fingern.

Die **Diechlinge,** aus 2 durch Kopf und Drehzapfen vereinigten Theilen mit den Lederlappen uud messinggefütterten Schnürlöchern.

Die **Kniekacheln,** 4 mal geschoben, mit kleinen Flügen.

Die **Beinröhren,** mit Zapfen und Häckchen zu schliessen, sind mit Entenschnabelschuhen verbunden, welche, 11 mal geschoben, an den beweglichen Fersentheilen grosse gezackte Rädersporen angenietet haben. Sämmtliche Schnallen sind aus Messing und von ganz gleicher Arbeit wie die meisten an den Harnischen des Kais. Kgl. Arsenales zu Wien, woher auch dieser sammt dem vorhergehenden Rossharnisch stammt. Höhe 174 cm.

Am Halsberge eine Marke. **Tafel 4. 13.**

No. 11. Reiterharnisch. 1580—1610.

Der **Helm,** mit niederem Kamme, Federnhülse, grossem, 2 mal geschobenem Kragen und aufschlächtigem Visiere, das Sehspalt, 6 Schlitze und viele Löcher hat.

Der **Halsberg,** 3 mal geschoben, mit Federzapfen für das Armzeug.

Die **Brust** mit einer Gräte und unten 2 Geschieben nebst Bauchreif, woran mittelst Scharnieren grosse, scheinbar geschobene Beintaschen hängen.

Der **Rücken,** von grosser Beweglichkeit, mit 7 Geschieben, seitlich mit Zapfen und Häckchen an die Brust zu befestigen, und ebenso zu befestigendem, 3 mal geschobenem Hinterschurz.

Das **Armzeug** mit grossen 8 mal geschobenen Vorder- und Hinterflügen und geschlossenen Mäuseln.

Die **Handschuhe** 8 mal geschoben, mit geschuppten Fingern.

Die **Diechlinge** mit 7 Geschieben und weiten Knien nebst kleinen Flügen.

Zu diesem Harnisch gehörten niemals Beinröhren und wurden hohe Reiterstiefel dazu getragen. Höhe 175 cm. Ursprung unbestimmt, zuletzt in Bamberg. **Tafel 5. 13.**

II. Halbe Harnische.

No. 12. Lanzknechtharnisch. 1490—1510.

Der **Übergangshelm** ohne Kamm, mit 3 mal geschobenem Nackenschutze, aufschlächtigem Visiere mit 12 horizontalen Schlitzen und ohne Kinnreff, ehemals geschwärzt.

Der **Halsberg** als Übergang von der Barthaube besteht vorne aus 3 Plattengeschieben und rückwärts aus Kettenpanzer, der mittelst Haken und Öse zu schliessen.

Die **Kugelbrust** blau angelaufen, mit aufschlächtigem Lanzenhaken, 2 roth aufgemalten Querstrichen und einer aufgemalten Madonna in Halbmond- und Strahlenkranz, der Patrona Bavariae. An der Brust 4 Bauchreifen und 4 fach geschobene Beintaschen.

Der **Rücken** aus 3 Platten mit 3 Schoossreifen.

Im Innern des Helmnackenschutzes eine Nürnberger Marke.

Ursprünglich im Zeughause zu Genua. **Tafel 3. 13.**

No. 13. Halbharnisch mit geätzten und vergoldeten Leisten. 1540—1570.

Der **Helm** mit geätzten und vergoldeten Leisten und Streifen, gewulstetem Kamme, aufschlächtigem grossem Augenschirme, doppelt abschlächtigem Visiere, geschlossenem Kinnreffe und 2 mal geschobenem Kragen. Das Obertheil des Visieres lässt die Durchsicht offen und ist gitterartig durchbrochen, auf der rechten Seite mit 5 schrägen Schlitzen und links mit 18 Löchern versehen. Rückwärts und innen Zeughausmarken.

Der **Halsberg** 3 mal geschoben und mit 2 Geschieben an den Schultern.

Die **Brust** mit scharfkantiger Gräte (Tappul), getheilten Strickwulsten und 4 Bauchreifen, woran 4 mal geschobene Beintaschen sich befinden.

Der **Rücken** mit 3 Schoossreifen.

Die **Fäustlinge** 12 mal geschoben mit kurzen, zu öffnenden Röhren.

Sämmtliche Ränder sind vertieft und mit Wappen, Laubwerk und Trophäen reich geätzt auf vergoldetem Grunde.

Auf Brust und Rücken Marken. Landshuter Arbeit.

Ursprünglich im Zeughause zu Pisa. **Tafel 6. 8. 18.**

No. 14. Halbharnisch. 1560—1590. Italienisch, ganz gravirt.

Der **Helm** mit geätzten Leisten, gewulstetem Kamme, 2 mal geschobenem Kragen, geschlossenem Kinnreffe und aufschlächtigem Visiere, das ausser dem Augenschlitze 12 Schlitze hat. Rückwärts eine Zeughausmarke.

Der **Halsberg** 4 mal geschoben, mit grossen Wulsten und Riemen für das Armzeug.

Die **Brust,** ein sogenannter Gansbauch, mit kurz abfallendem Schoossreifen nebst Schamausschnitt und den Löchern für den Lanzenhaken. Beintaschen waren nie dabei. Die Brust ist ganz gravirt und stellt in der Mitte das Mediceische Wappen mit den 6 Kugeln und Trophäen, dazwischen Ornamentstreifen dar.

Der **Rücken**, ebenfalls mit abfallendem Schoossreifen, ist gleich der Brust gravirt und stellt einen Herold, vor einem Lager reitend, nebst Trophäen und Ornamenten dar.
In Brust und Rücken Zeughausmarken und ausserdem oben im Rücken innen eine Marke. Ursprünglich im Zeughause zu Pisa. **Tafel 7. 8, 14.**

No. 15. **Halbharnisch.** 1550—1600.
Der **Helm** französischen Ursprungs, zum welschen Gestech bestimmt, mit umgehendem Wulste, dickem, gewulstetem Kamme, Messingfedernhülse und getheiltem, doppelt aufschlächtigem Visiere, dessen Obertheil nur einen Augenschlitz enthält. Der Schluss des Kinnreffes und Visieres wird durch, über Drehzapfen greifende, Lappen an Scharnieren bewerkstelligt. Die Nieten sind von Messing.
Der **Halsberg**, 3mal geschoben, hat vorne und rückwärts 3fache vertiefte Mittellinien und Federzapfen für das Armzeug.
Die **Brust**, mit scharfer Gräte und eingefeilten Wulsten, hat in der Mitte und an den Seiten 3fache vertiefte Linien, sowie die beiden Bauchreifen und die daran geschnallten 5mal geschobenen Beintaschen.
Der **Rücken**, entsprechend der Brust, mit einem Schoossreifen.
Das **Armzeug**, (das eines Fussturnierharnisches), mit 3mal geschobenen Vorder- und glatten Hinter-Flügen, hat sehr hohe Stosskragen mit Brechrändern und auf den Achselhöhen getriebene, sternförmige Rosetten. Die geschlossenen Mäusel sind 2mal geschoben und die 10mal geschobenen Fäustlinge glatt.
Das **Armzeug** mit den Sternen, dem Wappenzeichen der Freyberg, aus Hohenaschau, der Helm, Brust und Rücken aus der Schweiz, vermuthlich Solothurn. **Tafel 9. 14.**

No. 16. **Halbharnisch.** 1600—1630. Blau angelaufen.
Der **Helm**, dick und schwer, aus 2 Theilen geschmiedet, mit glattem Kragen, Kinnreff und aufschlächtigem Visiere, woran ein kleiner, spitzer Augenschirm und darunter 2 abwärts gezogene Sehlöcher sind. Mittelst Riemen und Schnalle ist der Helm zu schliessen. Die Nieten und Federnhülse sind von Messing und die Ränder waren ehedem vergoldet.
Der **Halsberg** mit 3 Geschieben und Federzapfen für das Armzeug.
Die **Brust** von kleiner Dimension, mit einer Gräte, 3 Geschieben nach unten, und von ziemlicher Schwere.
Der **Rücken** mit bandartigen Leisten und einem Schoossreifen.
Das **Armzeug** aus 3mal geschobenen Flügen, die vorne strahlenförmig 5mal geschoben und durch eine Messingrosette zusammengefasst sind, woran die 8mal geschobenen Schulterschienen befestigt sind.
Die **Beintaschen** an den, durch Federzapfen mit der Brust verbundenen, Schoossreifen befestigt, sind 8mal geschoben.
Sämmtliche Nieten sind aus Messing. Ursprung unbestimmt, vermuthlich Schweiz. **Tafel 9. 14.**

No. 17. **Halbharnisch.** 1620—1650. Geschwärzt mit blanken Streifen.
Der **Helm** aus 2 Theilen, mit hohem, schmalem Kamme, grossem, 2mal geschobenem Kragen, Federnhülse und aufschlächtigem Visiere, das aus Augenschirm und 3 Spangen besteht.
Der **Halsberg** (hausse-col) ohne Geschiebe, weit herabreichend, mit Riemen für das Armzeug und noch erhaltenem Futter.
Die **Brust** (Tappul) mit hoch ausgespitztem Grat, innerhalb befindlicher verticaler Klammer am untern Rande, und 3 blanken Streifen.
Der **Rücken**, ebenfalls mit 3 blanken Streifen, einem Schoossreifen und der Originalpolsterung an den Armausschnitten.
Die **Beintaschen**, an dem Bauchreifen angeschnallt, sind 8mal geschoben, mit ausgefeilten Orten, und vermuthlich einer früheren Zeit angehörig als das übrige.
Das **Armzeug** mit 6mal geschobenen grossen Vorder- und Hinterflügen und 3 Armschienen.
Die **Ellenbogenhandschuhe** mit zu öffnenden Röhren, 7 Geschieben, geschuppten Fingern und Messingstreifen um die oberen Ränder.
Vermuthlich aus dem Nürnberger Zeughause. **Tafel 10. 14.**

No. 18. **Halber Knabenharnisch.** 1590—1620. Für ein Alter von 4—7 Jahren.
Der **Helm**, aus 2 Theilen, mit Kragen und aufschlächtigem Visiere, worin Sehspalt und Löcher sind.
Der **Halsberg** ohne Halsringe, mit 6mal geschobenen Achselschienen, bogig ausgefeilt, nebst dem Original-Ledervorstoss.
Die **Brust**, ein Gansbauch, mit 3 Bauchreifen, woran die 6mal geschobenen Beintaschen befestigt sind.
Der **Rücken** mit einem Schoossreifen. Sämmtliche Geschiebe sind an den Orten bogenförmig ausgefeilt.
Ursprünglich im Zeughause zu Graz. **Tafel 9.**

No. 19. **Blanker Halbharnisch.** 1630—1660.
Die **Pickelhaube** mit hohem Kamme, Augenschirm mit Wangenklappen an Scharnieren, nebst Gehör-Rosen und Zeughausmarke.
Der **Halsberg** einmal geschoben, mit daran befestigten, 6mal geschobenen Armschienen.
Die **Brust** ziemlich flach, mit schwacher Gräte ohne Bauchreifen und daran geschnallten 5mal geschobenen Beintaschen.
Der **Rücken** mit steifem Schoossreifen.

Am Halsberg und Rücken die Nürnberger Marke. Ursprünglich im Zeughause zu Solothurn. **Tafel 10.**

No. 20. **Stechzeug-Modell** zu Pferd. 1530—1560.
Der **Stechhelm** mit geätzten Leisten, aus 3 kleinen Platten, genau wie die grossen zusammengenietet, mit 2 Helmzierlöchern am Scheitel, 2 Futterlöchern am Hinterkopfe und je 2 Seitenlöchern, ist auf die Brust aufgeschraubt und am Rücken mittelst Zapfen eingehängt. Die Drehzapfen für die Armzeuge sind in den Verbindungsspangen zwischen Brust und Rücken eingesetzt.
Die **Brust**, rechts vorgeschoben, mit dem Lanzenhaken und dem langen Hinterhaken, hat 2 Löcher zum Verstellen des Lanzenhakens und 2 Löcher links für den Tartschenzopf. Über dem Lanzenhaken ist in einem Kreise ein A geätzt

und ausserdem die Ränder sogar unter dem Helme reich mit Blattornament geätzt. Unter dem Magenbleche die Verlängerung sammt dem Riemzeuge und dem Schnürleder.

Der **Rücken** ist gleich der Brust mit Ätzleisten eingefasst und in der Mitte in einem Kreise ein R geätzt, und hat unten das »Schwänzel« nebst den Schnürledern.

Das **Armzeug** mit grossen geätzten Hinterflügen, geätzten Leisten und ebensolchen grossen Brechscheiben, strahlenförmig geätzten kleinen Mäuseln und Leisten. Die Geschiebe sind durch Linien markirt. Das linke Unterarmzeug hat die steife geätzte Hentze und im Armgelenk ein aufgebundenes Verstärkungsstück.

Das **Magenblech,** an der Brust aufgeschraubt, hat geätzte Leisten und durch Linien markirte Geschiebe.

Die Verhältnisse sowohl als auch die Details sind künstlerisch von der höchsten Vollendung.

Über diesem Harnische ist ein kleines **Schoos- oder Waffenröckel** aus schwarzem Wollstoffe, mit röthlicher und gelber Seide überzogen, aufgebunden. Der Schnitt ist halbkreisförmig und sind die stehenden Pfeifen innerhalb durch einen Zug verbunden.

Die **Holzpuppe,** über die der Harnisch gezogen ist, hat steifen Oberkörper und Oberschenkel; jedoch bewegliche Arme, Hand- und Finger-Gelenke, sowie auch Unterschenkel. Die Füsse fehlen und sind nur die Gelenke erhalten. Der Kopf ist bartlos mit Originalfassung. Um den Hals ein hoher Hemdenvorstoss mit 2 mal ausgezogenem Faden, die kleinen Schlitze andeutend. Den Oberkörper und die Arme bedeckt eine schwärzlich gefärbte Lederjacke, die seitlich geschlossen ist. Aus den Ärmeln stehen zu Fransen geschnittene weisslederne Vorstösse hervor, welche die weissen Lederhandschuhe halb bedecken. Die Beinkleider bestehen aus naturfarbenen Lederhosen mit schrägen Schlitzen an den Oberschenkeln, die sich über dem Gesässe vereinigen; über den Knien sind Querschlitze und darunter kleine kreisförmige Schlitze. Der Hosenknopf hat ebenfalls beiderseitig kleine Schlitze. Unter diesen geschlitzten Lederhosen werden seidene Beinkleider sichtbar und zwar am rechten Beine von gelb, weiss, schwarzer Farbe und am linken schwarz, gelb, schwarz und am Gesässe gelb-weiss, die Farben der Länge nach genommen. Am linken Unterschenkel ist noch der Stiefelschaft aus dunkelbraun gefärbtem Leder mit umgestülpter Schaftkappe.

Das **Holzpferd** ist mit einer halb roth, halb gelb seidenen Turnierdecke bis über die Ohren behangen, worauf Ornamente, das Wappenzeichen der Holzschuher, und rundum eine breite Bordüre gemalt sind, und zwar auf der gelben Seite mit rother und auf der rothen Seite mit schwarzer Farbe. Um den Hals trägt das Pferd den gepolsterten abgenähten Stechsack, der oben mit Riemen übergebunden ist.

Über die Stirne ist von abgenähtem Zwilch die doppelte Polsterung gebunden und zwar eine offene mit Augenlöchern bis an die Nüstern reichend, und eine geblendete mit einer kleinen Öse aus Knüpfarbeit in der Mitte, zum anhängen einer Stirnplatte, vermuthlich von runder Form. Das Kopfgestell ist aus schwarzen Wollbändchen mit zierlich gefeilten Messingschnallen und das Gebiss eine steife Trense mit grossen Quertheilen. Die Zügel aus Lederstreifen sind zu ³/₄ mit Zügelfahnen behangen, wovon die rechte gelbe noch ganz erhalten und mit roth gemalter Bordüre geziert ist.

Der **Sattel,** aus Holz geschnitzt und schwarz gefärbt, ist für das deutsche Gestech charakteristisch und mit doppeltem Bauchgurtriemen, woran äusserst zierliche Messingschnallen, befestigt. Von den sehr einfachen Messingsteigbügeln existirt nur noch der rechte.

Das **Pferd** selbst, braun bemalt, mit braunem Naturhaarschweif, ist nach Geschlecht ein Hengst mit beweglichem Halse, Vorderfüssen, Knien und Hufen, deren Beschlag deutlich markirt ist. Das Ross steht auf den Hinterfüssen sprungbereit und hat am Bauche eine zierliche Stütze, welche auf einem niederen Rädergestelle, mit einem Hacken vorne, ruht.

Dieses, bis in's kleinste Detail genau durchgeführte, deutsche Stechzeug gibt wohl einzig die richtigste und klarste Vorstellung einer vollständigen Turnierausrüstung zu Pferd. Jedenfalls war es als Spielzeug gefertigt, wie auch die Darstellung des Hans Burgkmair im Weiss Kunig (Fol. 101 b cod. 3033 neue Ausgabe) als »Kurzweyl in der Jugend« es zeigt.

Die Initialen auf Brust und Rücken »A. R.« deuten entweder auf die Familie Holzschuher oder auf den damit Beschenkten, der kaum ein geringerer als ein kaiserlicher Prinz gewesen sein mag.

Ein Rennzeug aus Bronze zu gleichem Zwecke; aber von ungleich geringerer Qualität, aus der Ambraser Sammlung, steht im neuen Wiener Museum, Saal XVII.

Höhe des Harnisches allein 14 cm, des Mannes 24 cm, des Ganzen sammt Pferd 34 cm und Länge des Pferdes 30 cm.
Ursprung unbestimmt, zuletzt in Nürnberg. **Tafel 11. 12.**

III. Brustharnische.

No. 21. 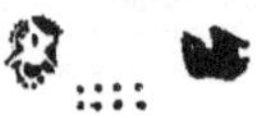

Brustharnisch, 1530—1560, mit hoher Gräte und gravirtem Fratzenkopf mit Widderhörnern und Ornamenten. Der Lanzenhaken fehlt.
Oben 3 Marken.
Aus Landshut, ursprünglich auf der Trausnitz. **Tafel 20.**

No. 22. **Brustharnisch,** 1540—1570. Turnier-Wechselstück des Kampfharnisches No. 8, mit hoher Gräte, aufschlächtigem Lanzenhaken, 3 Bauchreifen und dem Kloben für den steifen Bart.
Aus Hohenaschau, vermuthlich von Pankraz von Freyberg getragen.

IV. Rückenharnische.

No. 23. **Rückenharnisch,** 1510—1540, mit weiten aufsteigenden und unten schrägen Schlitzen auf der linken Seite versehen, während die rechte glatt ist. Um die Ränder Futterlöcher. Schurz fehlt. Aus Hohenaschau.

No. 24. **Rückenharnisch,** 1560—1590, mit 3 erhaben getriebenen Streifen und Rändern, nebst steifem in der Mitte ausgeschnittenem Schurze. Oben eine Marke.

Ursprünglich im Zeughause zu Pisa.

V. Harnischtheile.

No. 25. **Barthaube,** 1460—1490, mit abschlächtigem Obertheile, das bogig ausgehauen, glatten Brechrändern und Messingnieten.
Vermuthlich aus Hochosterwitz. **Tafel 2.**

No. 26. **Barthaube,** 1460—1490, mit abschlächtigem Obertheile, das bogig ausgehauen, gewulsteten Brechrändern und unten ausgeschnitten, nebst Querschlitz.
Vermuthlich aus Hochosterwitz. **Tafel 1.**

No. 27. **Linkes Armzeug,** 1480—1510, ohne Achsel, mit grosser Mäusel, geschlossenem, nach innen einmal geschobenem Oberarm und äusserer Unterarm-Schiene, welche innen einen festgenieteten, lang geschlitzten Blechstreifen hat. Gleiche Exemplare im Berliner Zeughause.
Aus Augsburg.

No. 28. **Turniermäusel.** 1490—1520. Verstärkungsstück, noch original blau angelaufen und gebräunt, mit bogenförmig facettirtem Rande nebst Marken.
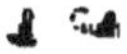
Aus Augsburg. **Tafel 1.**

No. 29. **Turnierschulterstück,** 1540—1570, mit hohem Stosskragen (garde bras) und gewulsteten Rändern.
Aus Frankreich. **Tafel 1.**

No. 30. **Niederer Vorhelm.** 1540—1570. Vorsteckbart zum Turniere, in Form eines Kinnreffes, mit bis an die Helmrose rechts verlängertem Obertheile, einem kleinen, geschobenem Kragen, Messingnieten und Riemenlöchern. Dieser Bart passt genau auf den Turnierhelm No. 15 und ist ebenfalls vermuthlich aus Solothurn.

No. 31. **Vorsteckbart,** 1580—1610, ursprünglich an einer Pickelhaube angesteckt. Ein kurzes Kinnreff mit kleinem Kragen und aufstehender dreikantiger Stange, welche nach oben eingebogen und rund mit einem Federzapfen endigt. Ausserdem ein Federzapfen für ein abschlächtiges Visier und beiderseits Riemenlöcher. Die Nieten sind Messing.
Aus dem Nürnberger Zeughause.

No. 32. **Grosse linke Wangenklappe** einer Pickelhaube, 1590—1620, mit halbem Kinne, Gehörlöchern und Zinnrosette.
Aus Jettenbach.

No. 33. **Ein paar gothische Schuhspitzen.** 1470—1500. Die 3 vordersten Geschiebe mit abgehackter Spitze nebst Federzapfen, woran die langen Spitzen gesteckt sind. Die Nieten sind Messing.
Aus Wien. **Tafel 10.**

No. 34. **Gothische Beintasche,** 1470—1490, fächerartig gefalzt, mit rund aufgezogenem, innerem Brechrande und Messingwulste, nebst Lilien um die untere stumpfe Spitze.
Vermuthlich aus der Ambraser Sammlung in Wien. **Tafel 16.**

No. 35. **Gliedschirm** eines Maximiliansharnisches, 1510—1530, mit Strickwulst und Canelirung in der Mitte, nebst Federzapfen.
Aus Augsburg.

No. 36. **Ausgegrabener Gliedschirm,** 1520—1550, mit breitem Rande.
Gefunden bei Ingolstadt.

No. 37. **Ausgegrabener Gliedschirm,** 1530—1560, mit schmalem Rande und Federzapfen.
Gefunden bei Regensburg.

No. 38. **Gliedschirm,** 1590—1620, breit, aus 3 Theilen, mit kleinem Drehzapfen.
Aus dem Nürnberger Zeughause.

No. 39. **Ein Paar Beinröhren,** 1520—1550 aus dünnem Bleche mit 8mal geschobenen Bärenklauen.
Zuletzt im Besitze des Geheimraths Hefner von Alteneck.

VI. Handschuhe.

No. 40. **Ein Paar Fäustlinge,** 1530—1560, mit langen Röhren, Strickwulst, ausgehauenen Geschieben und geschuppten Daumen an Riemen.
Aus Wasserburg. **Tafel 1.**

No. 41. **Ein Paar Fäustlinge,** 1530—1550, mit kurzen zu öffnenden Röhren, Strickwulst, 11 Geschieben und geschuppten Daumen an Scharnieren, nebst moderner Fütterung und Marke.

Aus Hohenaschau. **Tafel 2.**

No. 42. Ein Paar geätzte Fäustlinge, 1530—1570, mit geschlossenen Röhren, 12 Geschieben, Strickwulst und geschuppten, steifen Daumen. Über den Handwurzeln sind 3 Streifen und um die Ränder Leisten in schöner Ätzmalerei; die Nieten von Messing.
Aus der Schweiz. **Tafel 7.**

No. 43. Einzelner rechter Fäustling, 1530—1560, mit kurzer Röhre, 3 gerippten Strickwulsten, 11 Geschieben und drehbarem, geschupptem Daumen, an dessen Ende ein Drehzapfen, um die geballte Faust zu halten. Am inneren Handgelenkgeschiebe ein weiterer Drehzapfen und über dem Kleinfingerende ein Drehzapfenloch. Mit Nürnberger Marke.

Aus Hohenaschau. **Tafel 16.**

No. 44. Geätzter einzelner linker Fingerhandschuh, 1540—1580, mit geschlossener Röhre, Strickwulst und geschuppten Fingern. Über der Handwurzel 3 Streifen bis über die Finger und um die Ränder Leisten in schöner Ätzmalerei.
Aus einem Schlosse des Grafen Thun in Tirol. **Tafel 19.**

No. 45. Rechter Fingerhandschuh, 1580—1610, mit geschlossener Röhre, 7 Geschieben, geschuppten Fingern und Daumen an Riemen, nebst Messingnieten.
Vermuthlich aus Schaffhausen. **Tafel 10.**

No. 46. Linker Fingerhandschuh, 1580—1610, mit geschlossener Röhre, 9 Geschieben, feststehendem Daumen und getriebenen Sternen auf den Knöcheln. Alle Orte bogenartig ausgehauen.
Aus Hohenaschau. **Tafel 10.**

No. 47. Rechter Ellenbogenfäustling, 1620—1650, mit zu öffnender langer Röhre, 9 Geschieben, hoch getriebenen Knöcheln, geschupptem Daumen an Scharnier und Originalfutter.
Aus Landshut. **Tafel 17.**

No. 48. Linker Ellenbogenfingerhandschuh, 1620—1650, mit zu öffnender, langer Röhre, 11 Geschieben, Strickwulst und geschuppten Fingern und Daumen an Scharnier, nebst dem Originalfutter.
Aus Landshut. **Tafel 17.**

VII. Harnischgürtel.

No. 49. Harnischgürtel. 1530—1570. Ein breiter Ledergurt mit grosser, flacher Schnalle in der Mitte, rückwärts doppelte Riemen mit Schnallen zur Erweiterung eingesetzt. Auf jeder Seite sind 5 mit Messingösen gefütterte Löcher nebst dem langen Lederschnürzeug zum Befestigen der Diechlinge.
Dieser Gürtel war bei dem Harnische No. 10 und stammt ebenfalls aus dem Wiener Arsenale.

VIII. Waffenröckel.

No. 50. Waffenröckel, 1550—1580, aus weissem Atlass, mit weisser Seide gefüttert, hat ein aus gewellten Silberblechstreifen und Flitter aufgenähtes Muster. Der Schnitt ist halbkreisförmig und oben ein Zug.
Zuletzt im Besitze des Buchhändlers Metz in Heidelberg. **Tafel 4.**

IX. Kettenhemden.

No. 51. Langes Panzerhemd mit Ärmeln, 1350—1400, mit verstärktem Stehkragen, doppelter Reihe Messingringen an den Ärmeln, nebst Spitzen aus Messingringen am untern Rande. Die Ringe sind abwechselnd reihenweise genietet und geschweisst. Auf einer holzgeschnitzten Gliederpuppe.
Aus Wien.

No. 52. Langes Kettenhemd mit kurzen Ärmeln, 1480—1530. Der kleine Stehkragen rückwärts offen, von verstärktem Geflechte mit einer Reihe kleiner Messingringe eingefasst. Auf der rechten Brustseite ein Kreuz aus Messingringen eingesetzt und der untere defekte Rand mit 3 Reihen Messingringen eingefasst. Die Ringe sind genietet.
Vielleicht aus der Schweiz. **Tafel 2.**

No. 53. Langes Kettenhemd mit Ärmeln, 1400—1450. Der sehr verstärkte Stehkragen, vorne offen, ist übereinander zu schlagen, mittelst Schnalle und Haken zu schliessen und mit einer doppelten Reihe von Messingringen, die Ärmel mit 5fachen Messingringen eingefasst. Genietet und geschweisst.
Aus Bozen. **Tafel 17.**

No. 54. Kettenhemd ohne Ärmel und ohne Kragen, 1450—1490 mit weitem Halsausschnitt und linkem, bis fast an das Armloch reichendem Schlitze. Genietet.
Vermuthlich aus dem Münchner Zeughause.

No. 55. **Kurze Panzerjacke** ohne Ärmel, 1350—1400, orientalischen Ursprungs, aus grossen geschweissten Ringen mit eingedrückter Bleiplombe, dem Arsenalzeichen Mahomed II.
Aus Wien, ursprünglich in Konstantinopel. **Tafel 1.**

No. 56. **Langes Kettenhemd** mit kurzen weiten Ärmeln, 1400—1450, orientalisch, aus grossen geschweiften Ringen. Die Vorderseite durch 3 längere und 2 kürzere unter der Brust beginnende Reihen von Blechplatten, die beiden Seiten durch je eine Reihe und der Rücken durch 2 sehr breite Plattenreihen gedeckt. Auf die Platten sind Schriftzeichen und Arabesken gravirt. Die Rückseite ist offen.

Die dazu gehörige **Panzerkappe** mit eckigem Gesichtsausschnitt ist sehr lang und am Scheitel mit einer runden Platte versehen, worin ein Loch und die Zeughaus-Marke Mahomed's II. Um den Kopf sind 7 nach unten breiter werdende Plattenreihen eingefügt, ebenfalls mit Schriftzeichen und Arabesken bedeckt.
Aus Wien, ursprünglich in Konstantinopel. **Tafel 17.**

No. 57. **Ein Paar Ärmel** aus Kettengeflecht, 1530—1560, mit Manchetteneinfassung aus 3fachen Messingringen. Auf jedem Ärmel an der Brustgegend ein kleiner aufgenieteter Messingschild mit dem Wappen der Freyberg und darüber gestellten Buchstaben P. V. F. Die Ringe genietet.

Aus Hohenaschau, vermuthlich von Pankraz von Freyberg getragen.

No. 58. **Ein Paar Ärmel** aus Kettengeflecht, 1500—1550, mit ausserordentlich verstärkten messingeingefassten Manchetten. Am rechten Ärmel ist das Brustfutter und an beiden das Rückenfutter mit den ausgenähten Schnürlöchern erhalten. Die Ringe genietet.
Aus einem Schlosse der Khevenhüller. **Tafel 1.**

No. 59. **Kettenpanzerkappe** aus dem 13. bis 14. Jahrhundert von ganz einfacher halbrunder Form, aus sehr grossen geschweissten und genieteten Ringen, mit einer Reihe von Messingringen eingefasst.
Aus Bamberg. **Tafel 17.**

No. 60. **Nackenschutz** aus Kettengeflecht, 1300—1350, sehr lang, viereckig abgeschnitten und rückwärts mit Messingringen 3 mal eingefasst. An der Stirn und Kinngegend sind auf beiden Seiten Riemennieten. Die Ringe genietet und geschweisst.
Aus der Schweiz, vielleicht Solothurn.

No. 61. **Nackenschutz** aus Kettengeflecht, 1350—1400, von viereckiger Form mit kurzen Ringbändern, als Schutz für den Kinnriemen. Die Ringe genietet und geschweisst.
Aus Bamberg. **Tafel 17.**

No. 62. **Grosser Panzerkragen** aus Kettengeflecht, 1480—1520, von dreieckiger Form mit sehr bedeutend verstärktem Halskragen, der 2 mal mit doppelten Messingringen eingefasst ist. Der untere Rand ist in Zwischenräumen 3 mal mit dreifachen Messingringen umgeben. Der Schluss am Halse wird durch 2 angenietete, sich ineinander schiebende Eisenlappen gebildet. Die Ringe sind genietet.
Aus Wien, ursprünglich vielleicht im Zeughause. **Tafel 10.**

No. 63. **Rechter kurzer Fäustling** aus Kettengeflecht, 1300—1350, aus kleinen geschweissten, flachen Ringen, mit dem theilweise erhaltenem Lederfutter und den aus Lederzöpfen gebildeten Spangen für Daumen und Hohlhand.
Aus Bamberg. **Tafel 17.**

No. 64. **Rechter, langer Fingerhandschuh** aus Kettengeflecht, 1480—1520, mit genieteten Ringen, die ganze Hand nebst Finger innen und aussen bedeckend.
Aus Bozen, vielleicht italienisch.

No. 65. **Kettenhemd,** ohne Kragen und Aermel, orientalisch, aus dem vorigen Jahrhundert. Aus Wien.

X. Helme.

No. 66. **Grosse, deutsche Kesselhaube,** 1250—1350, von einfacher gespitzter Form mit weitem Gesichtsausschnitt. Rund um den untern Rand doppelte Löcher für Futter und Kettenpanzer, auf der Stirne und am Hinterkopfe je 2 Löcher. Die obere Spitze ist eingebrochen.
Gefunden im Moore beim Chiemsee. **Tafel 15.**

No. 67. **Italienische Kesselhaube,** 1300—1350, von anschliessender Kopfform mit halbrunden Augen-, Ohren- und Nasen-Ausschnitten, welche schirmartig vorstehende Ränder haben. Rundum Futterlöcher und an der Ohrengegend 2 grössere.
Aus Venedig. **Tafel 15.**

No. 68. **Deutsche Kesselhaube,** 1350—1400, beckenförmig, den späteren Hutfuttern ganz ähnlich, rundum mit Futterlöchern, vorne und rückwärts je mit einem viereckigen Loche für die Nieten der Verstärkungsspange.

Mit Marke.
Aus Bamberg. **Tafel 15.**

No. 69. **Kesselhaube** (Hundsgugel), 1370—1420, mit Scharniervisier, spitzer, schön geformter Glocke, Ohrenausschnitt, Panzer- oder Futterlöchern und 2 Löchern am Hinterkopfe. Das spitz vorspringende, an den Helmrosen aufschlächtige Visier mit Augenschlitz und vielen Luftlöchern, ist zum abstecken eingerichtet.
Aus Bregenz am Bodensee. **Tafel 15.**

No. 70. Kriegstopfhelm, 1420—1460, mit kugelförmiger Glocke, bis weit über den Nacken herabreichend und den Kragen bildend. Das gelochte Kinnreff hat angenieteten Kragen und dreht sich in anderen Helmrosen als das rund vorspringende, vielfach gelochte Visier, das zum abstecken eingerichtet ist. Um den unteren Rand paarweise Futterlöcher.
Vermuthlich aus Turin. **Tafel 15.**

No. 71. Stechhelm, 1440—1490, aus 4 aneinander genieteten Platten mit stark vorspringender Sehspalte, fächerartig canelirtem Scheitelstücke, worin 8 Futterlöcher und ein viereckiges Helmzierloch. Auf den Seiten je 8 Löcher, ein Schlitz und 3 herzförmige Ausschnitte. Die Brustplatte ist aufgenietet und darin 2 doppelte Schraubenlöcher. An den Seiten die Klammern für die Armzeuge und rückwärts das Scharnier für die Zagelstange. Die Nieten sind von Messing.
Vermuthlich aus Pfalz-Neuburg a. Donau. **Tafel 16.**

No. 72. Ausgegrabener Eisenhut, 1430—1470, mit hohem Kamme und abfallender Krempe, die nur theilweise erhalten ist. In der Isar gefunden oberhalb München. **Tafel 16.**

No. 73. Eisenhut, 1430—1470, mit hohem Kamme, sehr breiter und ziemlich flacher Krempe, worin die Futternieten sich befinden. Rückwärts eine Marke.

Aus Wasserburg. **Tafel 16.**

No. 74. Eisenhut, 1440—1480, von hoher Form mit niederem Kamme, fächerartig gefalzt auf der hinteren Schädeldecke und breiter, stark abfallender Krempe, worin die Futternieten sich befinden. Am Scheitelstücke auf jeder Seite je 2, und im Kamme ein Futterschnürloch. Ueber der Krempe ein punktirter Ornamentstreifen. Rückwärts eine Marke.

Vermuthlich aus der Schweiz. **Tafel 16.**

No. 75. Rennhut, in Form eines Eisenhutes, 1430—1470, von hoher, glockenförmiger Form, mit Augenschlitz, niederem Kamme und stark abfallender Krempe.

Mit Marke. Aus Landshut. **Tafel 2.**

No. 76. Canelirter Eisenhut, 1480—1520, von kleiner Form ohne Kamm mit schmaler, flacher Krempe, worin die Messingfutternieten. Seitlich 3 neben einander stehende Federnhülsen.
Aus Innsbruck. **Tafel 16.**

No. 77. Ausgegrabene italienische Celata, 1430—1460, von hoher Form mit schwachem Kamme, eingezogenem Nackenschutze und sehr kleinem Gesichtsausschnitte. Ein Visier war nie daran.
Aus Italien. **Tafel 15.**

No. 78. Schaller, 1450—1490, mit Messingwulst und Lilien um den Rand, messinggezierten Futterlöchern, und am Hinterkopfe fächerartig gefalzt. Das Visier fehlt.
Ursprung unbekannt, vielleicht Wien. **Tafel 14.**

No. 79. Schaller, 1450—1490, mit breitgedrücktem, niederem Kamme, abfallendem, spitzem Nackenschutze und aufschlächtigem Visiere, worin der Augenschlitz. Im Kamme sind 2 und an jeder Seite 2 paar Futterschnürlöcher. Rückwärts eine Marke.

Aus Hochosterwitz. **Tafel 15.**

No. 80. Italienischer Schaller, 1450—1480, mit gewulstetem, niederem Kamme, kurz geschweiftem Nackenschutze und ohne Visier. Um den Rand und oben neben dem Wulste gravirte Ornamentleisten im gothischen Charakter, ähnlich dem Brustharnisch des Berliner Zeughauses No. 166 b. Zu beiden Seiten des Scheitelstückes Medaillons mit Männerköpfen. Möglicherweise der Helm des Bartolomeo Colleoni, dessen Brustharnisch in der Ambraser Sammlung aufbewahrt wird und gleicher Arbeit ist. **Tafel 15.**
Aus Italien.

No. 81. Rennhut, 1460—1500, mit langem, spitz auslaufendem Nackenschutze, je 2 Rosen aus Messing an den Futterlöchern und aufgesetzten Stirnplatten als Verstärkung, welche fächerartig gefalzt sind. Den Rand umgibt ein zierlicher Wulst nebst Lilien aus Messing.
Ursprung unbekannt, vielleicht Wien. **Tafel 1.**

No. 82. Übergangshelm, 1490—1510, gross und weit, ohne Kinnreff, mit 3 mal geschobenem Nackenschutze, beiderseitig 4 Gehörlöchern und aufschlächtigem Visiere, worin 12 horizontale Schlitze. Rückwärts eine Marke.

Vermuthlich aus Jettenbach. **Tafel 15.**

No. 83. Visierhelm, 1490—1520, leicht canelirt, mit geschiftetem Scheitelstücke, niederem Kamme, 2 Wangenklappen sammt Kinnreff, hohlem Kragenwulste und aufschlächtigem Pfeifenvisiere, worin der Augenschlitz, 12 horizontale Schlitze und 6 Löcher sich befinden. Zu beiden Seiten doppelte Futterlöcher und an den Wangenklappen je 2 Gehörlöcher.
Aus Jettenbach. **Tafel 17.**

No. 84. Canelirter Visierhelm, 1510—1540, mit hohem Strickwulste, 3 mal geschobenem Nackenschutze, geschlossenem Kinnreffe sammt Kragen und aufschlächtigem Pfeifenvisiere, worin 2 Augenschlitze und 10 horizontale Schlitze nebst dem Hebezapfen sich befinden. Am Halskragen eine Marke.

Vermuthlich aus Hochosterwitz. **Tafel 17.**

No. 85. **Canelirter Visierhelm,** 1510—1540, mit doppeltem, niederem Strickwulste, 3 mal geschobenem Nackenschutze, canelirtem Kinnreffe, nebst Kragen und aufschlächtigem, ebenfalls canelirtem Visiere, worin die beiden Augenschlitze, 48 Löcher und 4 Querschlitze nebst kurzem Hebezapfen sich befinden. Am Nackenschutze eine Marke.

Vermuthlich aus Neuburg a. Donau. **Tafel 17.**

No. 86. **Kolbenturnierhelm,** 1520—1550, von grosser Form, mit 2 grossen Strickwulsten, zwischen welchen auf der Scheitelhöhe 2 grosse Helmzierlöcher. Die Nackenschutzplatte ist angenietet, während die Brustplatte mit dem Kinnreffe aus einem Stücke ist. Das aufschlächtige Gittervisier besteht aus 7 vertikalen Wulsten und horizontalen Streifen. Die 4 Gehörlöcher auf jeder Seite sind mit Rosetten geziert, die, wie die Nieten, aus Messing sind. Ähnliches, jedoch späteres Exemplar von Karl V. im Domschatze zu Augsburg.
Aus Landshut. **Tafel 16.**

No. 87. **Geschlossener Helm** ohne Visier, 1530—1560, mit 3 gezackten Kämmen, Kragen, aufschlächtigem Augenschirme und grossen Wangenklappen nebst Kinnreff, das durch Drehzapfen zu schliessen ist. Am Augenschirme eine Marke.

Vermuthlich aus Wien. **Tafel 17.**

No. 88. **Turnierhelm** zum welschen Gestech, 1560—1590, mit schmalem, hohem Kamme, umgehendem Wulste, geschlossenem Kinnreffe und aufschlächtigem, getheiltem Visiere nebst Stellstange. Am Visiere ein Lufthürl, in der Mitte die Schraube für den Vorsteckbart, und am Obertheile eine Verdoppelung. Das Futter, aus wattirtem Zwilch, für den Kopf und das Kinn, ist vollkommen erhalten.
Zuletzt im Besitze des Geheimraths Dr. von Hefner-Alteneck. **Tafel 17.**

No. 89. **Fechthelm** mit Stangenvisier, 1650—1700, ohne Kamm, mit Kragen, Federnhülse und geschlossenem Kinnreffe, über das die runden Stäbe genietet sind. Der ganze Helm ist mit Malerbronze gestrichen. Rückwärts Zeughaus-Marken. Vermuthlich zum Fischerstechen gebraucht.
Aus dem Zeughause zu Pisa. **Tafel 10.**

No. 90. **Vordertheil eines kupfernen Wappenhelmes,** 1550—1590, mit einer 5 fach gezackten Krone und aufgenieteten, gewundenen Spangen.
Aus Augsburg.

XI. Sturmhauben.

No. 91. **Canelirte Sturmhaube,** 1510—1540, von niederer Form, mit dickem Strickwulste, 2 mal geschobenem Nackenschutze, aufschlächtigem, breitem, canelirtem Augenschirme und 3 fach geschuppten Ohrenklappen.
Vermuthlich aus Schaffhausen. **Tafel 17.**

No. 92. **Sturmhaube,** 1530—1560, von niederer Form, mit geripptem Wulste, 2 mal geschobenem Nackenschutze, aufschlächtigem Augenschirme und Ohrenklappen. An den Rändern kleine Halbkreise und Punkte eingeschlagen.
Aus der Schweiz. **Tafel 17.**

No. 93. **Geätzte Sturmhaube,** 1546, mit Strickwulst, feststehendem Augenschirme, einmal geschobenem Kragen, Wangenklappen und Federnhülse. An den vertieften Rändern, sowie zu beiden Seiten des Strickwulstes ist ein laufendes Ornament geätzt. Auf der linken Seite ein wachsender Löwe in mustergiltiger Zeichnung, von einem Bande umrahmt, worauf die Worte »ecce vicit leo de tribu juda radix davit. apoc V«, auf der rechten Seite ein stehender Löwe, mit zurückgewandtem Kopfe nach seinem unter ihm sitzenden Jungen schauend, von einem fliegenden Bande umrahmt, worauf »1546 domine vivifica me s(e)c(un)d(u)m verbu(m) tuu(m) psalmo CXIX VH«. Vermuthlich Heinrich Vogther?
VH. Die Ätzungen sind von bester Qualität, gleich einem Albrecht Dürer.
Vermuthlich aus Neuburg a. Donau und vielleicht getragen vom Pfalzgraf Johann Casimir. **Tafel 18. 19.**

No. 94. **Sturmhaube,** 1530—1560, mit 3 Strickwulsten, Wangenklappen und aufgebogenen Rändern, als Augen- und Nackenschutz, nebst Federnhülse. Um den Rand sind paarweise Löcher für das Futter und den Stoffüberzug, der die blanken Wulsten frei liess.
Aus dem Münchner Zeughause. **Tafel 17.**

No. 95. **Sturmhaube,** 1550—1580, mit gewulstetem Kamme, Wangenklappen und geschnürlten Rändern, welche zu Augen- und Nackenschutz aufgebogen, und paarweise gelocht sind für das Futter und den Stoffüberzug, der den blanken Kamm frei liess.
Aus dem Nürnberger Zeughause. **Tafel 17.**

XII. Pickelhauben.

No. 96. **Pickelhaube,** 1580—1610, mit hoher Spitze, in eine Eichel endigend, aufschlächtigem Augenschirme, einmal geschobenem Kragen und Wangenklappen.
Aus Würzburg. **Tafel 17.**

No. 97. **Pickelhaube,** 1580—1620, mit Kamm, steifem Augenschirme, Wangenklappen, Federnhülse und vertieft getriebenen Streifen und Rändern.
Aus der Schweiz, vermuthlich Solothurn.

No. 98. **Pickelhaube,** 1580—1620, geschwärzt, mit Kamm, aufschlächtigem Augenschirme, 3 mal geschobenem Nackenschutze und 3 fach geschuppten Ohrenklappen.
Aus Graz.

No. 99. **Pickelhaube,** 1590—1630, mit hohem, schmalem Kamme, steifem Augenschirme und Nackenschutz, nebst Wangenklappen. Auf beiden Seiten des Scheitelstückes sind 3 fache Linien eingehauen und die Nieten mit Rosetten unterlegt.
Aus dem Wiener Zeughause.

No. 100. **Pickelhaube,** 1590—1630, geschwärzt, mit hohem Kamme, Wangenklappen und steifem Augen- und Nackenschutz, nebst Marke und Beschauzeichen.
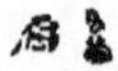
Aus einem Schweizer Zeughause.

XIII. Morion.

No. 101. **Morion,** 1570—1600, mit sehr hohem Kamme und leichter Ätzung, und zwar rechts im Kamme ein Fahnenträger und fliegender Adler in Ornament, am Scheitelstücke ein Doppeladler, türkischer Reiter und Ornamentleisten; links am Kamme ein Trommler und im Scheitelstücke Abraham's Opfer von gleicher Ausschmückung wie rechts. Die Federnhülse fehlt. An der Spitze 2 Marken. Martin Rotschmied.

Aus der Schweiz, vielleicht Schaffhausen. **Tafel 20.**

No. 102. **Geätzter Morion,** 1580—1610, mit hohem Kamme, Messingrosetten und Nieten. Die reiche Ätzung besteht rechts im Kamme aus einem, von einem Hunde in's Netz gejagtem Hirschen, am Scheitelstücke aus einer Frau mit Jagdspiess und Hund, in reicher Umrahmung; links im Kamme aus einem von Hunden verfolgten Hasen, am Scheitelstücke aus einen Trabanten mit Büchse, und am Rande aus Ornamentleisten. Der ganze Morion war ehemals vergoldet, wovon noch spärliche Spuren vorhanden sind.
Aus dem Münchner Zeughause. **Tafel 18. 19.**

No. 103. **Morion,** 1590—1630, mit hohem, schmalem Kamme, kreisförmig getriebenen Ornamenten am Scheitelstücke, und Messingnieten mit Rosetten unterlegt.
Aus dem Zeughause zu Solothurn. **Tafel 17.**

XIV. Schützenhäubeln.

No. 104. **Italienischer Birnhelm** oder Schützenhäubel, 1590—1630, oben mit kleiner, umgelegter Spitze und rosetten-unterlegten Messingnieten. Die tiefe Ätzung besteht aus aufsteigenden Ornamentstreifen mit Kriegerfiguren und Trophäen.
Aus Venedig. **Tafel 20.**

No. 105. **Schützenhäubel,** 1590—1630, breit und nieder, mit gerader Krempe und schmalen Ohrenlappen.
Aus Graz.

No. 106. **Schützenhäubel,** 1600—1640, geschwärzt und von schlanker Form mit Ohrenlappen.
Aus dem Münchner Zeughause.

No. 107. **Schützenhäubel,** 1600—1640, defect und ohne Ohrenlappen.
Aus Nördlingen.

XV. Zischäggen.

No. 108. **Zischägge** oder Krebsschwanz, 1600—1650, mit canelirtem Scheitelstücke nebst Stachel, steifem Augenschirme, durch welchen die verstellbare Nasenspange geht, breitem 3 mal geschobenem Nackenschutze und 3 mal geschobenen durchbrochenen Ohrenklappen. Die Nieten sind aus Messing.
Aus Hochosterwitz. **Tafel 17.**

No. 109. **Zischägge,** 1600—1650, mit kugelförmigem Scheitelstücke, steifem Augenschirme, verstellbarer Nasenspange, breitem 4 mal geschobenem Nackenschutze und eiförmigen Ohrenklappen. Am Scheitelstücke eine kleine Öse in der Mitte.
Aus dem Münchner Zeughause.

No. 110. **Zischägge,** 1600—1650, mit kugelförmigem Scheitelstücke, steifem Augenschirme, breitem 4 mal geschobenem Nackenschutze, jedoch ohne Nasenspange und Ohrenklappen.
Aus dem Solothurner Zeughause.

No. 111. **Hutfutter** oder Hirnhaube, 1630—1660, kesselartig aus starkem Stahle mit leichten Ohrenausschnitten und 6 Futterlöchern.
Aus dem Wiener Arsenale.

No. 112. **Hutfutter,** 1600—1650, gitterartig aus schmalen Eisenbändern zu einer Halbkugel geformt mit Riemenzapfen zu beiden Seiten.
Aus der Schweiz. **Tafel 17.**

XVI. Schilde.

No. 113. **Grosser Setzschild,** 1390—1430, mit breiter, nach oben gespitzter vorgestreckter Rinne in 3 Feldern roth, gelb, roth getheilt, und mit Ranken bemalt. Oben heraldisch, rechts ein gelbes Schildchen mit rothem Kreuze, links ein schwarzes Schildchen mit gelbem Sterne. Die Rückseite mit Schweinshaut bezogen, hat sämmtliche Klammern für die Fesseln.
Aus Klausen in Südtyrol. **Tafel 15.**

No. 114. **Setzschild,** 1400—1450, mit starker Rinne, schwärzlich-grün bemalt und oben heraldisch, rechts das Schweizerwappen, ein rothes Kreuz auf weissem Grunde, links das Solothurner Wappen, 2 rothe schreitende Löwen, durch einen Schrägbalken getrennt, auf weissem Grunde. Die Rückseite mit Schweinshaut bezogen, hat sämmtliche Ringe mit Fesseln.
Aus dem Zeughause in Solothurn. **Tafel 13.**

No. 115. **Turniertartsche,** 1420—1470, leicht gewölbt mit Lanzenausschnitt, schräg nach links steigend und beiderseits mit Pergament bezogen. Die Rückseite braun-roth bemalt, die Vorderseite mit einer rothen Raute und gelben Kreisen nebst schwarzen Halbkreisen in der Mitte; um den Rand gelbe, schwarz gegitterte Streifen. Ausserdem sind vorne 6 grosse eisenverzinnte Nietköpfe sichtbar, welche die Fesselriemen halten. Die Vorderseite war mit einem St. Florian aus dem vorigen Jahrhundert mit Ölfarbe übermalt, jedenfalls zum Zwecke eines Aufzuges.
Vermuthlich aus der Ambraser Sammlung, wo deren noch mehrere mit der zopfigen Übermalung vorhanden sind. **Tafel 2.**

No. 116. **Turniertartsche,** 1420—1470, stark gewölbt und dem vorhergehenden ehemals in der Form gleich; jedoch später oben abgeschnitten. Sie ist beiderseits mit Schweinsleder bezogen und roth bemalt. Auf der Vorderseite in der Mitte ein Stern mit breitem Ringe und bläuliche Halbkreise, nebst gleichen Streifen um den Rand. Ausserdem sind vorne 4 grosse Nietköpfe sichtbar, welche die Fesselriemen halten. Die Vorderseite war gleich der Vorigen mit einer Heiligenfigur aus dem vorigen Jahrhundert bemalt.
Aus Innsbruck, vermuthlich ehemals der Ambraser Sammlung. **Tafel 14.**

No. 117. **Tartsche,** 1420—1470, mit breiter etwas gespitzter Rinne und gemaltem schwarzen einköpfigen Adler auf gelbem Grunde, und weiss und blau gerautetem Herzschilde, nebst rothen Querstreifen am oberen Rande. Die Rückseite ist mit Schweinshaut bezogen und die Ringe und Fesseln erhalten.
Aus dem Rathause in Schongau. **Tafel 16.**

No. 118. **Tartsche,** 1420—1470, sehr stark gewölbt, oben und unten fast halbrund, mit schwacher Rinne und auf dunkelgrünem Grunde mit gothischem Laubwerk und rothen und blauen Blumen bemalt. In der Mitte das Freyberg'sche Wappen, unter dem weissen Felde ein blaues mit 3 gelben Sternen. Um den Rand ein rother Streifen. Die Rückseite mit Schweinshaut bezogen, und die Fesseln erhalten.
Aus Hohenaschau. **Tafel 16.**

No. 119. **Runder Faustschild,** 1535, aus einer getriebenen und verstärkten Messingplatte, mit einem getheilten Wappen, oben ein halber steigender Löwe, unten 3 Sterne und als Helmzier der halbe Löwe. Die Jahreszahl 1535 ist getrieben und darunter eine Marke, einem Dreiecke gleich, eingeschlagen. Die Rückseite mit gepresstem Leder bezogen, hat eine Messinghandhabe.
Aus Wasserburg. **Tafel 9.**

No. 120. **Kleiner runder Holzschild,** 1540—1580, stark gewölbt und bemalt. Auf der Vorderseite ist kaum mehr, als der rothe Bolusgrund sichtbar, während rückwärts eine Belagerung mit Goldkonturen auf schwarzem Grunde erhalten ist, nebst den Fesseln und dem Polster.
Aus Hohenaschau. **Tafel 7.**

No. 121. **Italienischer geätzter Rundschild,** 1560—1590, nach der Mitte erhöht, mit 4 kantigem Stachel und tiefem Ätzstreifen aus Trophäen, Figuren und Ornamenten bestehend. Auf der Rückseite gepresster Lederbezug und 2 eiserne Fesseln.
Aus Venedig. **Tafel 5.**

No. 122. **Italienischer runder Holzschild,** 1550—1590, mit gepresstem auf Goldgrund bemaltem Leder bezogen. In der Mitte eine Cartouche in Eiform, gold in grün. Die Rückseite hat gelblich bemalten Lederbezug nebst Polster und Handfesseln. Die Dogenleibwache in Venedig war mit solchen Schilden ausgerüstet.
Aus Salzburg. **Tafel 5.**

XVII. Sporn.

No. 123. **Ausgegrabener Stachelsporn,** 7. bis 8. Jahrhundert, mit grosser gerader Gabel und beiderseits mit viereckigen durch Nietköpfe verzierten Lappen.
Gefunden in Königswies bei Mühlthal. **Tafel 21.**

No. 124. **Ausgegrabener Stachelsporn,** 7. bis 8. Jahrhundert, mit kleiner geraden Gabel und abgestumpftem Stachel.
Fundort unbekannt.

No. 125. **Ausgegrabener Stachelsporn,** 13. Jahrhundert, mit kleiner gebogener Gabel, beiderseits in 2 kleine gelochte Lappen endigend, und vierkantigem verdicktem Stachel.
Gefunden bei Fürstenfeldbruck. **Tafel 21.**

No. 126. **Rechter Stachelsporn,** aus Bronze, 13. Jahrhundert, mit grosser gebogener Gabel, einerseits in eine länglich-eckige Öse und anderseits in einen 3 eckigen, gelochten Lappen endigend. Hinter dem Stachel eine gewundene Kugel.
Fundort unbekannt. **Tafel 21.**

No. 127. **Rechter Radsporn,** aus Bronze, 13. Jahrhundert, mit langer, dünner Gabel, einerseits in einen anliegenden Ring und anderseits in eine länglich-eckige Öse endigend. In der sehr kurzen abwärts stehenden Stange ein Rad mit 6 Spitzen.
Aus Augsburg. **Tafel 21.**

No. 128. **Ausgegrabener Radsporn,** 14. Jahrhundert, mit kurzer, gebogener, breiter Gabel, in doppelt gelochte Lappen endigend und 9 mal gespitztem Rade.
Gefunden bei Mühldorf. **Tafel 21.**

No. 129. **Ausgegrabener Sporn,** 14. bis 15. Jahrhundert mit schmaler gebogener Gabel, sammt Stegriemenhaken und sehr langem Halse, worin ein 8 mal gespitztes Rad.
Gefunden bei Fürstenfeldbruck.

No. 130. **Ausgegrabener Sporn,** 15. Jahrhundert, mit breiter, gebogener Gabel, und 6 fach gespitztem Rade an kürzerem Halse.
Fundort unbekannt. **Tafel 21.**

No. 131. **Ausgegrabener linker Sporn,** 15. Jahrhundert, mit breiter, gebogener Gabel, nebst den 3 inneren Riemenhaken und 6 fach gespitztem Rade an kurzem Halse.
Gefunden bei Wolfratshausen.

No. 132. **Rechter Sporn,** 1440—1480, mit breiter, gebogener Gabel, 3 Riemenhaken und 6 fach gespitztem Rade an sehr langem Halse.
Aus Wasserburg. **Tafel 21.**

No. 133. **Ausgegrabener linker Sporn,** 1440—1480, mit schuhartiger, sehr breiter Gabel, allen 4 Riemenhaken, nebst Schnalle und sehr langem Halse und ursprünglich 6 fach gespitztem Rade.
Gefunden am Chiemsee. **Tafel 21.**

No. 134. **Linker, messingeingelegter Sporn,** 1450—1480, mit breiter, gerader Gabel, breitem Lederstege sammt Riemenhaken, flachem Halse und 6 fach gespitztem Messingrade. Die Aussenseiten der Gabel und des Halses sind mit Messing eingelegt. Aussen eine Marke.

Aus Hohenaschau. **Tafel 21.**

No. 135. **Ein Paar ausserordentlich lange Rennsporn,** 1460—1500, mit breiten, flachen Gabeln und Hälsen, welche gekerbt sind, nebst grossen 6 fach gespitzten Rädern.
Vermuthlich aus Neuburg a./Donau. **Tafel 21.**

No. 136. **Rechter Sporn,** 1500—1540, mit gerader, eckig abwärts gebogener Gabel, 8 eckigem kurz abwärts gebogenem Halse, nebst Wulst und 8 fach gespitztem Rade. Am Halsansatze ist die Gabel geschuppt, und Schnalle nebst Stegriemenhaken erhalten. Aussen eine Marke.

Aus Hohenaschau. **Tafel 21.**

No. 137. **Linker Sporn,** 1530—1560, mit durchbrochener, beweglicher Gabel, sammt Schnalle, kurzem gesenktem Halse und 9 fach stumpf gespitztem Rade.
Ursprung unbekannt. **Tafel 21.**

No. 138. **Linker Sporn,** 1550—1600, mit grosser gekerbter Gabel, halber Schnalle, 2 Riemenhaken und kurzem abwärts gesenktem Halse, nebst 5 fach gespitztem Rade.
Aus Marbach bei Schliersee. **Tafel 21.**

No. 139. **Rechter, silber-tauschirter Sporn,** 1580—1620, mit abwärts gesenktem Halse, grossem, durchbrochenem, 8 mal gespitztem Rade und kurzer aufwärts gebogener Gabel, nebst 3 Riemenhaken.
Aus Jettenbach. **Tafel 21.**

No. 140. **Rechter Sporn,** 1600—1630, mit kurzem, gesenktem Halse, 5 fach gespitztem Rade und wenig aufwärts gebogener Gabel, nebst Schnalle und Riemenhaken.
Ursprung unbekannt.

No. 141. **Linker Sporn,** 1600—1640, mit gesenktem Halse, 10 fach gespitztem Rade und wenig gebogener Gabel, nebst 3 Riemenhaken.
Aus Nürnberg.

No. 142. **Ein Paar eisenverzinnte Sporn,** 1610—1650, mit kurz gesenkten Hälsen, 5 fach gespitzten Rädern und gebogenen Gabeln, in längliche Ösen endigend.
Aus der Schweiz. **Tafel 21.**

No. 143. **Ein Paar gravirte und vergoldete Sporn,** 1610—1650, mit kurzen, gesenkten Hälsen, 7 fach gespitzten Rädern und wenig gebogenen Gabeln, woran Schnallen und Haken, nebst neuem Riemzeuge.
Aus Nürnberg, von der Familie Tucher. **Tafel 21.**

No. 144. **Ein Paar silbertauschirte Sporn,** 1610—1650, mit gesenkten, durchbrochenen Hälsen, 7 fach gespitzten Rädern, gebogenen Gabeln, nebst Schnallen und Haken und linienförmiger Silbertauschirung.
Aus Würzburg. **Tafel 21.**

No. 145. **Ein Paar silbertauschirte Sporn,** 1610—1650, mit gesenkten Hälsen, 7 fach gespitzten Rädern, gebogenen Gabeln, nebst Schnallen und Haken. Die Silbertauschirung besteht in Ornamenten und Reiterfiguren.
Aus Würzburg. **Tafel 21.**

No. 146. **Ein Paar verzinnte Sporn,** 1610—1650, mit aufwärts gebogenen Hälsen, 7 fach gespitzten Rädern, aufwärts gebogenen Gabeln, verzinnten Stegen, Schnallen und Haken, nebst neuem Riemzeug.
Aus dem Münchner Zeughause. **Tafel 21.**

No. 147. **Rechter Messingsporn,** 1630—1670, mit geradem, kurzem Halse, 13 fach gespitztem Rade und gegliederter Gabel, sammt Schnalle, Haken und Riemzeug. (Damensporn.)
Aus Hohenaschau.

No. 148. **Sporn,** 1630—1670, mit kurzem, gebogenem Halse, 8 fach gespitztem Rade, und gerader grosser Gabel, nebst kreisförmigen Ösen an den Enden.
Aus Polling bei Weilheim. **Tafel 21.**

No. 149. **Einfacher, ganz gerader Sporn,** 1640—1680, mit 6 fach gespitztem Rade der rechten Schnalle und dem Riemzeuge.
Aus der Schweiz. **Tafel 21.**

XVIII. Rossstirnen.

No. 150. **Gothische Rossstirne,** 1450—1490, mit aufgenietetem Schildchen, Augen und Ohrenschutz, nebst Genickstück an Scharnier.
Aus einem Schlosse des Grafen Thun in Tyrol. **Tafel 30.**

No. 151. **Ausgegrabene Rossstirne,** 1450—1490, mit aufgenietetem Schildchen, Gräte und dem Genickstücke. Ohrenschutz fehlt.
Gefunden bei Bozen.

No. 152. **Ausgegrabene canelirte Rossstirne,** 1510—1540, mit gerauteter Messingfedernhülse, 3 canelirten Streifen, nebst Ohrenschutz und Genickstück.
Gefunden bei Landshut.

No. 153. **Rossstirne,** 1510—1540, mit gespitzter Scheibe, Kreuzriemenschutz und canelirtem Genickstücke an Riemen.
Aus Seefeld am Ammersee.

No. 154. **Rossstirne,** 1530—1570, mit Strickwulst in der Mitte, nebst Schildchen und Federnhülse, Genickstück, Ohrenschutz und Wangenstücken, worin 4 mit Rosetten gezierte Löcher, sowie auch 3 Paar gleiche sich auf dem Scheitelstücke befinden.
Vermuthlich aus dem Zeughause zu Burghausen. **Tafel 30.**

No. 155. **Rossstirne,** 1550—1570, mit Federnhülse und Schildchen, worauf das Freyberg'sche Wappen gemalt ist, sammt Ohren und Kreuzriemenschutz und dem Genickstücke an Scharnier. Das Originalfutter aus schwarzen Wollstoffe, nebst Vorstossfranzen, ist ganz erhalten. Ursprünglich waren die jetzt blanken Eisentheile geschwärzt und die Stirne zur Trauer für Pankraz von Freyberg (gest. 1568) bestimmt.
Aus Hohenaschau. **Tafel 30.**

No. 156. **Pferdemaulkorb,** 1515, ganz durchbrochen und eingehauen, Satyren, Greifen und Laubwerk darstellend, in der Mitte eine Schlange und die Jahreszahl 1515. An den Seiten je 5 und unten 7 kleine Ösen.
Vermuthlich aus Turin. **Tafel 21.**

XIX. Pferdegebisse.

No. 157. **Turniertrense,** 1480—1520, von einfacher, fast römischer Form, mit je einem Ringe an der Seite, nebst langen, kreuzförmigen Quertheilen, sammt Nieten für das Kopfgestell.
Aus Neuburg a./Donau.

No. 158. **Grosse gothische Kandare,** 1460—1500, aus verzinntem Eisen, mit ausgefeilten, durchbrochenen Seitentheilen, woran je 3 kelchartige Rosetten, Umlaufringe und 2 gewundenen Ketten, dem hohlen einmal gegliederten Gebisse und der schweren Kinnkette, aus eckigen Gliedern.
Aus Turin. **Tafel 21.**

No. 159. **Grosse goldtauschirte Kandare,** 1530—1560, mit getriebenen und vergoldeten Fratzenköpfen, geschwungenen, gold- und silbertauschirten Seitentheilen, hufeisenförmig eingesetztem Gebisse, nebst Zungenspiel, schwerer Kinnkette und 2 gegliederten, 4 kantigen Spangen.
Aus dem kais. königl. Arsenale zu Wien. **Tafel 21.**

No. 160. **Grosse Kandare,** 1550—1590, mit langen Seitentheilen, dicken, beweglichen Ringen, nebst Zungenspiel als Gebiss, der schweren Kinnkette, nebst 4 kantiger Spange, leichter Verbindungskette und Umlaufringen.
Aus Seefeld am Ammersee. **Tafel 21.**

No. 161. **Kandare,** 1590—1620, mit gebogenen Seitentheilen, gegliedertem Gebisse, doppelten feststehenden Spangen und ohne Kinnkette. Dabei Zaumzeug, nebst Trense der österreichischen Kavallerie aus den 40er Jahren.
Aus Wien.

No. 162. **Kandare,** 1590—1630, mit gebogenen Seitentheilen, gegliedertem Gebisse, einer Spange und ohne Kinnkette.
Aus dem Zeughause zu Burghausen.

No. 163. **Einfache Kandare,** 1600—1650, mit gebogenen Seitentheilen, gegliedertem Gebisse, einer Spange und ohne Kinnkette.
Aus Starnberg.

XX. Sättel.

No. 164. **Sattel,** 1500—1540, canelirt mit hohem Sattelknopf, Schenkelschutz und Gesässstück. Die Polsterung von rothem Sammt mit Goldfranzen. Dabei ein Paar canelirte Steigbügel mit 4 fachen Trittrosten, nebst Riemzeug und Bauchgurt.
Aus Seefeld am Ammersee. **Tafel 30.**

No. 165. **Vorder- und Rücktheil eines Sattels,** 1550—1570, aus je 3, durch Scharnieren verbundenen, Blechplatten, mit getriebenen Ornamenten und den 3 Sternen des Freyberg'schen Wappens. Ursprünglich die Flächen geschwärzt, und die erhabenen Theile vergoldet, zur Rossstirne Nr. 155 gehörig.
Aus Hohenaschau.

No. 166. **Schwerer Kürissattel,** 1550—1600, mit gestepptem Ledersitze, hohem Sattelknopfe und weitem Rückentheile. Am Bocke viele Ringe und Schnallen zur Befestigung des Fürbuges und Geliegers. Das Futter, aus 2 dick gepolsterten Säcken, ist eingebunden.
Aus Innsbruck, vielleicht ehemals in der Ambraser Sammlung. **Tafel 30.**

No. 167. **Orientalischer Sattel,** 1630—1680 (maurisch?). Der elegante, mit Schweinsleder bezogene Bock hat einen Überzug und Schabrake, von rothem, mit weisser Blattstickerei geziertem Tuche.
Die dazu gehörigen **Messingsteigbügel** von ovaler Form und auch, gleich dem Überzuge, gezierten Riemen.
Das **Kopfgestell,** von gleicher Arbeit, und die daran befindliche Kandare mit steifem Gebisse, Kinnkette und 2 Spangen hat Messingrosetten.
Aus Wien.

No. 168. **Sattel,** von gelb-rothem Sammte, 1730—1780, mit kurzen Seidenfranzen besetzt und einem Schweinsleder bezogenem Bocke, sammt abgestepptem Futterkissen, Bauchgurt und Steigbügel.
Vermuthlich aus der kgl. bayer. Sattelkammer. **Tafel 30.**

No. 169. **Sattelüberzug,** 1800—1840, von rothem, abgenähtem Sammte, mit Satteltaschen, worin ein moderner Sattel aus den 40ger Jahren.
Vermuthlich aus der kgl. bayer. Sattelkammer.

XXI. Steigbügel.

No. 170. **Ausgegrabener Steigbügel,** 7. Jahrhundert, aus einem gleichmässig starken Ringe, der nach oben zusammengedreht und zugleich die Riemenöse bildet.
Gefunden bei Diessen am Ammersee. **Tafel 21.**

No. 171. **Ausgegrabener Steigbügel,** 8. bis 10. Jahrhundert, ringförmig, mit einfach durchschlagenem Riemenschlitz und breitgeschlagenem Tritte.
Fundort unbekannt. **Tafel 21.**

No. 172. **Ausgegrabener Steigbügel,** 1400—1450, mit Umlaufring und dreigetheiltem Roste.
Gefunden in der Gegend von Ulm. **Tafel 21.**

No. 173. **Rechter gothischer Steigbügel,** 1450—1480, durchbrochen und mit Messingblech aufgelegt. Das Obertheil, nach vorne ausgebogen, mit Riemenschlitz versehen, und der Tritt, nach aussen tiefer und breiter, hat innen in Messing eine Marke.

Aus Hohenaschau, vermuthlich getragen von Hans von Freyberg. **Tafel 21.**

No. 174. **Steigbügel,** 1470—1500, in orientalischer Form, mit gestielten langen Blättern als Seitentheilen, und rundem Trittroste.
Aus Hohenaschau, vermuthlich von Ludwig von Freyberg getragen. **Tafel 21.**

No. 175. **Niederer canelirter Steigbügel,** 1510—1530, mit schmalem Riemenschlitz, weit ausgebogenen nach unten breiten Seitentheilen, und einem grossen Ringe mit Querspange als Trittrost, nebst den Schuhnieten. Mit Marke.

Aus Hohenaschau, vermuthlich von Onufrius von Freyberg getragen. **Tafel 21.**

No. 176. **Messingsteigbügel,** 1530—1550, mit 2 sich gegenüber stehenden Delphinen am Obertheile und nach unten gegabelten Seitenstangen, nebst 3getheiltem Trittroste, der mit Sternen und gefeilten Linien geziert ist.
Aus Hohenaschau, vermuthlich von Pankraz von Freyberg getragen. **Tafel 21.**

No. 177. **Grosser canelirter Steigbügel,** 1510—1530, mit Umlaufring, breiten, canelirten Seitentheilen und 4fachem Trittroste.
Aus Jettenbach. **Tafel 21.**

No. 178. **Ausgegrabener, canelirter Steigbügel,** 1520—1560, von niederer Form, mit Umlaufring und 4fachem Trittroste.
Gefunden bei Landshut. **Tafel 21.**

No. 179. **Grosser, durchbrochener Steigbügel,** 1540—1570, mit viereckigem Umlauf, stehender Muschel am Obertheile, und Trittrost in Form einer 8. **Tafel 21.**

No. 180. **Ein Paar eisenverzinnte Steigbügel,** 1600—1630, fast kreisförmig, mit zackig ausgehauenen Obertheilen, nach unten breit geschlagenen Stangen und 4fachen Trittrosten.
Aus dem Nürnberger Zeughause. **Tafel 21.**

XXII. Hufeisen.

No. 181. **2 grosse, breite, ausgegrabene Pferdehufeisen,** vermuthlich aus dem 17. Jahrhundert.
Gefunden bei Landshut.

No. 182. **3 kleine Maulthierhufeisen,** 17. Jahrhundert.
Gefunden mit Waffen aus dem 30jährigen Kriege, bei Donauwörth.

XXIII. Fussangeln.

No. 183. **10 Stück Fussangeln,** 15.—16. Jahrhundert.
Aus dem Zeughause zu Solothurn.

b) Angriffswaffen.

I. Schwerter.

No. 184. **Keltisches Bronzeschwert,** 5. Jahrhundert, mit flachem Knaufe, kurzem, gravirtem Griffe, woran die 62 cm lange Klinge festgenietet. Die Klingenspitze fehlt.
Gefunden bei Augsburg. **Tafel 22.**

No. 185. **Scramasax,** 6. Jahrhundert, mit breiter, einschneidiger, 43 cm langer Klinge, nebst langer Angel.
Gefunden bei Murnau.

No. 186. **Scramasax,** 6. Jahrhundert, in 2 Theile gebrochen, mit einschneidiger 48 cm langer Klinge, nebst langer Angel.
Gefunden bei Murnau.

No. 187. **Scramasax,** 6. Jahrhundert, mit breiter einschneidiger Klinge, 31 cm lang, nebst langer Angel.
Gefunden in der Schweiz.

No. 188. **Scramasax,** 6. Jahrhundert, sehr defect, mit 29 cm langer Klinge.
Aus der Schweiz.

No. 189. **Schwertfragment,** 7. Jahrhundert, mit Nietplatte als Knauf, länglich ovaler Platte als Parirstange und abgebrochener Klinge von 44 cm Länge.
Gefunden bei Murnau.

No. 190. **Schwert,** 10. Jahrhundert, mit wiegenförmigem Knaufe, langer Angel, ohne Parirstange, und breiter, hohl geschliffener Klinge von 89 cm Länge. Die fast ganz erhaltene silbertauschirte Klingenmarke in Form eines Dreieckschildes.
Ursprung unbekannt. **Tafel 22.**

No. 191. **Schwertgriff,** 11. Jahrhundert, mit wiegenförmigem Knaufe, kurzer Angel und gerader Parirstange, ohne Klinge.
Gefunden bei Landsberg. **Tafel 22.**

No. 192. **Schwert,** 12. Jahrhundert, mit flach gedrücktem Knaufe, kurzer Angel und gerader flacher Parirstange. Die abgebrochene Klinge misst 48 cm.
Fundort unbekannt. **Tafel 22.**

No. 193. **Schwert,** 14. Jahrhundert, mit kreisrundem abgeschrägtem Knaufe, langer Angel, kurzer vierkantiger, an den Enden dickerer Parirstange und breiter hohlgeschliffener Klinge, 77 cm. lang. Die messingtauschirte Marke, in Form eines gleichschenkeligen Kreuzes. Ein fast gleiches Exemplar im Berliner Zeughause b. 6166.

Aus dem Nachlasse Ludwig von Schwanthalers. **Tafel 15.**

No. 194. **Schwert,** 14. Jahrhundert, mit rundem etwas birnförmigem Knaufe, langem, lederbezogenem Griffe, abfallender, runder Parirstange und breiter, hohl geschliffener Klinge, 86 cm lang. Die Marken sind in Messing tauschirt.
Aus der Sammlung Wilhelmy. **Tafel 15.**

No. 195. **Schwert,** 14. bis 15. Jahrhundert, mit kugelförmigem Knaufe, kurzem lederbezogenem Griffe, langer, gerader Parirstange und schmaler Klinge von 82 cm Länge.
Aus Augsburg. **Tafel 10.**

No. 196. **Schwert,** 1350—1400, mit gestrecktem, 8kantigem Knaufe, langem Ledergriffe, gerader langer Parirstange und breiter, 89 cm langer Klinge, nebst messingtauschirter Wolfsmarke.
Aus der Schweiz, von der Sempacher Schlacht herstammend. **Tafel 15.**

No. 197. **Kleines Schwert,** 1400—1450, mit fast kugeligem 10 eckigem Knaufe, Ledergriff, gerader Parirstange, nebst Parirring, und 82 cm langer Rippenklinge.
Aus einem Schweizer Zeughause. **Tafel 16.**

No. 198. **Schwert,** 1400—1450, mit gestrecktem, 8 kantigem Knaufe, langer Angel, abwärts gesenkter, runder Parirstange und schmaler, 88 cm langer Klinge.
Gefunden im Starnberger See. **Tafel 22.**

No. 199. **Italienisches Schwert,** 1450—1500, mit fast kugeligem 10 eckigem Knaufe, kurzem, drahtumsponnenem Griffe, langer, abwärts gebogener Parirstange, nebst Parirring und sehr breiter, flacher Klinge, nebst Marke, von 65 cm Länge.

Aus Turin. **Tafel 22.**

No. 200. **Schwert,** 1400—1450, mit grossem, birnförmigem, 8 eckig facettirtem Knaufe, Ledergriff, langer Parirstange mit Sternen und einerseits kurz seitlich gebogen. Auf der flachen 82 cm langen Klinge ist 1414, ein Wolf und eine Marke, in Form eines kleinen Andreaskreuzes eingehauen.
Aus Innsbruck. **Tafel 10.**

No. 201. **Schwert,** 1450—1500, mit flachem, kreisrundem Knaufe, doppeltem, oben drahtumsponnenem Griffe und runder, entgegengesetzt, seitwärts gebogener Parirstange. Die Spitze der noch 85 cm langen, schmalen Klinge fehlt.
In der Isar, beim Schlosse Grünwald gefunden. **Tafel 22.**

No. 202. **Sehr langer Panzerstecher,** 1450—1500, (Bohrschwert), mit birnförmigem, gewundenem Knaufe, rothem Doppel-Sammtgriffe, gerader 4 kantiger Parirstange und schmaler, 3 schneidiger, starrer Klinge, 115 cm lang. Die Marke in Messing tauschirt.
Aus dem kgl. bayer. Arsenale zu München. **Tafel 15.**

No. 203. **Schwert,** 1470—1510, mit fast kugeligem Knaufe, Doppelledergriff, worin 4 Messingnägel, langer Parirstange mit Knöpfen, und schmaler Klinge, 96 cm lang, nebst messingeingeschlagener Wolfsmarke.
Aus der Schweiz, vielleicht Schaffhausen. **Tafel 16.**

No. 204. **Schwert,** 1480—1520, mit langgestrecktem, birnförmigem Knaufe, langem Doppelledergriffe, nebst Handbügel und runder Parirstange, zu doppelten Parirringen gebogen. Die breite Klinge, mit kupfereingeschlagener Wolfsmarke, misst 91 cm.
Am Knaufe eine Marke in Form eines Schildes.
Aus dem Zeughause zu Solothurn. **Tafel 16.**

No. 205. **Italienisches Schwert,** 1500—1550, mit gestrecktem Knaufe, kurzem Drahtgriffe, langer, abwärts gebogener Parirstange, nebst Parirring. Die 72 cm lange Klinge mit Marke.
Aus Turin. **Tafel 22.**

No. 206. **Grosses Schwert,** 1510—1550, mit glattem, birnförmigem Knaufe, Fischhaut bezogenem und Nägel verziertem Doppelgriffe und langer Parirstange mit Birnen, nebst Parir- und Faustbügeln. Auf der 109 cm langen Klinge die Inschrift: »Maria Johane, Mailant Anna«, nebst kleinen Andreaskreuzen und der Marke des Alonso Sahagun.
Aus dem Besitze der Herrn von Hafner zu Marbach bei Schliersee. **Tafel 14. 22.**

No. 207. **Schweizerschwert,** 1510—1560, mit 7 mal gekerbtem Knaufe, lederbezogenem Doppelgriffe, langer gebogener Parirstange, nebst korbartigem Parirringe und Daumenringe. Die breite, 92 cm lange Klinge, ist wellenförmig eingehauen.
Aus der Sammlung Wilhelmy. **Tafel 14. 22.**

No. 208. **Panzerstecher** oder Bohrschwert, 1520—1560, mit rundem, von 3 geschnittenen Muscheln bedecktem Knaufe, Doppellederg riffe, kurzer Parirstange und 3 schneidiger, 102 cm langer Klinge, nebst Marke.
Aus dem Zeughause zu Burghausen. **Tafel 16.**

No. 209. **Grosses Schwert,** 1510—1560, mit glattem, birnförmigem Knaufe, langem Doppellederg riffe, gerader Parirstange, nebst Parirbügeln und breiter, 109 cm langer Klinge, mit Marke.
Aus dem Besitze des Malers Romberg. **Tafel 22.**

No. 210. **Grosses Schwert,** 1510—1560, mit kugelförmigem Knaufe, Doppellederg riffe, breiter Parirstange, nebst Parirring und breiter, 103 cm langer Klinge.
Aus Augsburg.

No. 211. **Landsknechtschwert,** 1520—1560, mit niederem, gewulstetem Knaufe, kurzem Drahtgriffe, gewundener, zu Parirbügeln gebogener Parirstange, nebst Knöpfen und Handbügeln. Auf der breiten, 72 cm langen Klinge sind 3 gothische Buchstaben in Messing eingelassen.
Aus der Schweiz. **Tafel 18. 22.**

No. 212. **Schwert,** 1520—1560, mit hohem Knaufe, Fischhaut bezogenem Griffe, kurzer, gerader Parirstange und breiter, 97 cm langer Klinge, nebst 3 schmalen Rinnen.
Ursprung unbekannt.

No. 213. **Sattelschwert,** 1530—1570, mit hohem, birnförmigem Knaufe, drahtumwickeltem Griffe, kurzer Parirstange, nebst Parirhaken und 64 cm langer Klinge, nebst Marken und Original, Lederscheide, woran Mundblech und Stiefel.
Aus Jettenbach. **Tafel 22.**

No. 214. **Maximiliansschwert,** 1510—1550, mit 6 Wulsten im Knaufe, doppeltem Ledergriffe und Parirstange, welche an den Enden breiter, nebst Strickwulst und Parirbügel. Die schmale, starre Klinge, misst 104 cm, mit Marke.
Aus Wasserburg, früher in Jettenbach. **Tafel 14. 22.**

No. 215. **Maximiliansschwert,** 1510—1550, mit gewundenem Knaufe, langer Angel, gerader gewundener Parirstange, nebst Parirbügel, und schmaler, starrer, 99 cm langer Klinge.
Gefunden im Ammersee. **Tafel 22.**

No. 216. **Einschneidiges Maximiliansschwert,** 1510—1550, mit gewundenem Knaufe, doppeltem Ledergriffe, geringelter Parirstange, nebst Parirbügel und 89 cm langer, gegen die Spitze 2 schneidiger Klinge mit Marken.
Aus Wasserburg. **Tafel 14. 22.**

No. 217. Einschneidiges Maximiliansschwert, 1510—1550, mit rohem gedrücktem Knaufe, grünwollbezogenem Griffe, Parirstange sammt Knöpfen und Parirring, und schmaler 102 cm langer Klinge, mit Marke.

Aus Nürnberg. **Tafel 22.**

No. 218. Geätztes Schwert, 1550, mit breitem, canelirt geschnittenem Knaufe, kurzem Ledergriffe, abwärts gebogener eingerollter Parirstange, nebst Strickwulst und breiter, 60 cm langer Klinge, mit reichen Ätzungen. Einerseits eine Krone mit gekreuzten Schwertern in einem Lorberkranze und ein vor einem Cruzifix knieender Landsknecht, nebst Inschrift: »O mein gott und her, Nim alles von mir, was mich hindert ge | dir. O mein gott und her, gib alles mir, das mich fördert zu dir, am 13 capitel. Anno domini 1550.« Anderseits Arabesken und quer die Inschrift: »O herr himlischer vatter bescher mir ross und sattel und ein schönss junges frums weib, uñ gesundē leib darzu gelds vill, so mag Ich kauffen was ich will«, darunter stehend »Ott. mainberger.« Unten an der Parirstange in Lorberkränzen 3 Zeichen, ein Delphin, ein Schlüssel und eine Wage (vermuthlich astronomische Zeichen).

Auf beiden Seiten eine messingeingeschlagene Marke.
Dieses Schwert ist gleicher Arbeit und Ursprunges, wie der Dolch Nr. 318.
Aus der sogenannten Löffelholz-Sammlung in Augsburg. **Tafel 18. 19.**

No. 219. Zweihändiges Schwert, 1520—1560, mit 8eckigem Knaufe, langem, benageltem Ledergriffe, grosser Parirstange, mit schneckenförmigen Ausläufen und Parirringen, worin Lilien. Die nach der Spitze breiter werdende, flache Klinge hat Parirhaken und misst 122 cm.
Aus Hohenaschau. **Tafel 22.**

No. 220. Zweihändiges Schwert, 1530—1570, mit grossem, birnförmigem Knaufe, langem, doppeltem Ledergriffe, gerader Parirstange mit Knöpfen und breiten Stichplatten, welche wie der Knauf, eingehauene Ornamente tragen. Die gleich breite Klinge mit Marke und ohne Parirhaken misst 124 cm.

Aus dem Zeughause zu Burghausen. **Tafel 22.**

No. 221. Zweihändiger Flamberg, 1560—1610, mit geschwärztem, eingehauenem Knaufe, benageltem und befranztem, langem Ledergriffe, breiter Parirstange, nebst doppelten Parirringen und Bügeln. Die gleich breite, kurz geflammte Klinge, mit Lederbezug, bis über die Parirhaken trägt das Wappen des Salzburger Erzbischofes, Marx Sittich von Hohenems, und misst 125 cm. Mit Schwertfeger- und Zeughausmarke.

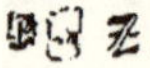

Aus dem kgl. bayer. Arsenale zu München. **Tafel 22.**

No. 222. Zweihändiger Flamberg, 1570—1620, mit kugelförmigem, blau angelaufenem Knaufe, benageltem, befranztem, langem Sammtgriffe und breiter Parirstange, nebst doppelten Parirringen. Die lang geflammte Klinge mit Lederbezug, bis über die Parirhaken, misst 128 cm und wird gegen die Spitze breiter.
Aus dem kgl. bayer. Arsenale zu München. **Tafel 22.**

No. 223. Ausgegrabenes Schwert, 1540—1580, mit lang gestrecktem Knaufe, kurzer Angel und gerader, kurzer Parirstange nebst Parirbügel und Daumenring. Die Klinge misst 71 cm und ist die Spitze abgebrochen.
Fundort unbekannt. **Tafel 22.**

No. 224. Italienisches Schwert, 1510—1610, mit zuckerhutförmigem Knaufe, Leder und Fischhaut bezogenem Doppelgriffe, gerader, langer Parirstange, nebst Parirbügel und Daumenringe, theilweise eingehauen. Die breite 98 cm lange Klinge mit 3 Rinnen und Marken.

Ursprung unbekannt. **Tafel 24.**

No. 225. Spanisches Schwert, 1530—1560, mit kugelförmigem Knaufe, schwarzem Sammtgriffe, S-förmig auf- und abwärts gebogener Parirstange, durchbrochenem Parirringe, nebst Daumenringe und 99 cm langer Klinge. Ein gleiches Exemplar in Madrid, von Carl V.
Aus Neapel. **Tafel 23. 24.**

No. 226. Spanisches Schwert, 1530—1560, mit flachem, carirt behandeltem Knaufe, S-förmig auf- und abwärts gebogener Parirstange, Parir- und Daumenringe, Drahtgriffe und 91 cm langer Klinge mit Marken. Ein gleiches Exemplar von Carl V. in Madrid.

Aus Neapel. **Tafel 23. 24.**

No. 227.

Italienisches Schwert, 1530—1560, mit kugelförmigem Knaufe, kurzem Drahtgriffe (früher mit Sammt bezogen), langer, seitlich gebogener Parirstange, doppeltem Parir- und Daumenringe und 100 cm langer Klinge mit Marken und der Inschrift »Andrea Feraro«.
Aus Turin. **Tafel 23. 24.**

No. 228. Italienisches Schwert, 1530—1560, mit geschnittenen Blättern am Knaufe, Kupferdrahtgriffe, laubartig geschnittenem Korbe und 100 cm langer Klinge. Dabei eine moderne Scheide.
Aus Turin. **Tafel 23. 24.**

No. 229. **Schwert,** 1540—1580, mit flachem, H förmigem Knaufe, Drahtgriffe, S förmig auf- und abwärts gebogener Parirstange nebst Parirring, astartig geschnitten, und 88 cm langer Klinge mit Hohlschliff und der Inschrift »soli deo gloria« einerseits und »macht Solingen« anderseits.
Aus der Sammlung Wilhelmy. **Tafel 23. 24.**

No. 230. **Italienisches Schwert,** 1570—1630, mit langgestrecktem, gewundenem Knaufe, Drahtgriff, auf- und abwärts gebogener Parirstange, Parirringe nebst Parirbügel und kleiner Stichplatte. Die 76 cm lange Klinge hat 3 Rinnen.
Aus Pisa. **Tafel 23. 24.**

No. 231. **Schwertgriff,** 1530—1560, theilweise noch vergoldet, mit birnförmigem, flach gedrücktem Knaufe, auf- und abwärts gebogener Parirstange nebst Parir- und Daumenring. Die Form wie 226, aber deutsch.
Gefunden bei Sendling.

No. 232. **Italienisches Schwert,** 1540—1580, mit sehr langgestrecktem Knaufe, Holzgriff, gerader Parirstange nebst Parirbügel und Daumenringen, und 81 cm langer Klinge mit Hohlschliff, kupfereingeschlagener Marke und Inschrift »Sahagun«.

Aus dem Zeughause zu Pisa. **Tafel 24.**

No. 233. **Venetianisches Korbschwert,** 1550—1600, mit flachgedrücktem, birnförmigem Knaufe, Drahtgriff und grossem Spangenkorb, worin 2 mal die venetianische Marke eingeschlagen. Die breite Klinge misst 98 cm.

Aus Bozen. **Tafel 24.**

No. 234. **Kleines venetianisches Korbschwert,** 1550—1600, mit zuckerhutförmigem Knaufe, Holzgriff, Spangenkorb nebst Daumenring und 82 cm langer Klinge. Dabei die Original-Lederscheide mit Eisenstiefel.
Aus dem Zeughause zu Pisa. **Tafel 24.**

No. 235. **Italienisches Korbschwert** (Schiavoni), 1560—1610, mit flachgedrücktem Knaufe, Fischhautgriff, gitterartigem Korbe und 93 cm langer Klinge, anfangs einschneidig, mit Marke.

Aus Venedig. **Tafel 24.**

No. 236. **Italienisches Korbschwert** (Schiavoni), 1560—1610, mit korbgeflechtartig geschnittenem, gedrücktem Knaufe, Ledergriff, Spangenkorb nebst Stichplatten und Daumenring. Die 100 cm lange Klinge mit Marke.

Aus Bozen. **Tafel 24.**

No. 237. **Spanisches Korbschwert,** 1580—1630, mit geschnittenem 4 theiligem Knaufe, Drahtgriff, grossem Korbe nebst aufgeschraubten geschnittenen Stichplatten und 105 cm langer Klinge mit den Initialen des Julian Garcia, Toledo.
Aus Neapel. **Tafel 23. 24.**

No. 238. **Spanisches Korbschwert,** 1580—1620, mit hohem, 14 eckigem Knaufe, Eisen- und Kupferdrahtgriff, gegabelter Parirstange nebst Spangenkorb und aufgeschraubten geschnittenen Stichplatten. Die Klinge 105 cm lang.
Aus Neapel. **Tafel 23. 24.**

No. 239. **Silbertauschirtes Korbschwert,** 1560—1590, mit behelmtem Kopfe als Knauf, Silber- und Eisendrahtgriff, gerader, langer Parirstange, grossem Korbe, nebst siebartigen Stichplatten und wellenförmig geflammter Klinge mit Rinne und Ätzspuren, von 107 cm Länge.
Aus der Sammlung Wilhelmy, ehemals in Turin. **Tafel 20. 23.**

No. 240. **Silbertauschirtes grosses Korbschwert,** 1580—1620, mit kugelförmigem Knaufe, Messingdrahtgriff, grossem Korbe nebst siebartigen Stichplatten und 100 cm langer Klinge mit Marken. Die beiderseits gleiche Tauschirung besteht aus Sternblumen, Blättern und Punkten.

Aus Fürstbischöflichem Besitze zu Würzburg. **Tafel 20. 23.**

No. 241. **Silbertauschirtes Schwert,** 1580—1630, mit kugelförmigem Knaufe, Messingdrahtgriff, gerader Parirstange nebst Parirbügel und 101 cm langer Klinge mit Hohlschliff. Die Tauschirung besteht aus Sternblumen, Laubzweigen und Blumen.
Aus Fürstbischöflichem Besitze zu Würzburg. **Tafel 20. 23.**

No. 242. **Korbschwert,** 1580—1630, mit glattem Knaufe, Eisendrahtgriff, grossem Korbe, woran die Stichplatten fehlen, und 98 cm langer starrer Klinge mit Hohlschliff.
Aus dem Besitze des Malers Romberg. **Tafel 22.**

No. 243. **Korbschwert,** 1590—1640, mit 8 eckigem Knaufe, Messingdraht und Kupferstreifen bewickeltem Griffe, grossem Korbe nebst durchbrochenen Stichplatten und 88 cm langer Klinge mit Hohlschliff und Inschrift.
Aus dem Münchner Zeughause. **Tafel 22. 23.**

No. 244. **Korbschwert,** 1600—1640, mit kugelförmigem Knaufe, Messingdrahtgriff, grossem Korbe, nebst durchbrochenen Stichplatten und 101 cm langer Klinge mit 2 Rinnen und der Inschrift »Jahanni« (Johannes Wundes, Solingen?) nebst Marke.

Aus dem Zeughause zu Burghausen. **Tafel 22.**

No. 245. **Korbschwert,** 1600—1650, mit schräg canelirtem Knaufe, Eisendrahtgriff, offenem Korbe und 90 cm langer Klinge, mit Marke und 3 kurzen Rinnen.

Aus Nürnberg. **Tafel 22.**

No. 246. **Korbschwert,** 1610—1650, mit hohem, 8eckigem Knaufe. Holzgriff, Korbe nebst eingeschweissten Stichplatten und 99 cm langer Klinge mit Hohlschliff und 2 Marken.
Aus dem Münchner Zeughause. **Tafel 22.**

No. 247. **Korbschwert,** 1610—1640, mit hohem Knaufe. Eisendrahtgriff, blau angelaufenem Korbe und 84 cm langer, starrer Klinge mit der Marke des Thomas Ajala.
Aus dem Zeughause zu Burghausen. **Tafel 22.**

No. 248. **Korbschwert,** 1620—1660, mit hohem Knaufe. Eisen- und Messingdrahtgriff, grossem Spangenkorbe nebst Daumenschutz und 83 cm langer Klinge mit Rinne und 2 Marken, wovon die eine einen Wolf darstellt.
Aus Ulm.

No. 249. **Korbschwert,** 1620—1660, mit hohem Knaufe, Eisendrahtgriff, vorgestrecktem Korbe nebst kleiner Stichplatte und 81 cm langer Klinge mit 2 Rinnen und der Inschrift »Jahanni« nebst Marke. (Johannes Wundes, Solingen?)
Aus Nürnberg. **Tafel 22.**

No. 250. **Korbschwert,** 1620—1660, mit hohem Knaufe, Eisendrahtgriff, vorgestrecktem Korbe und 89 cm langer Klinge mit Hohlschliff.
Aus dem Münchner Zeughause.

No. 251. **Korbschwert,** 1650—1690, mit hohem Knaufe, langem Ledergriffe, weitem Korbe und 89 cm langer Klinge.
Aus Augsburg.

No. 252. **Spanisches Schwert,** 1620—1660, mit geschnittenem Knaufe. Holzgriff, Parirbogen nebst geschnittener Parirplatte und Daumenschutz. Die 86 cm lange Klinge hat Hohlschliff, Wolfsmarke und die Marke des Franzesko Gomez.

Aus Turin. **Tafel 24.**

No. 253. **Schwert,** 1650—1690, mit rundem, gravirtem Knaufe. Leder- und Drahtgriff, Parirbügel nebst gravirter Parirplatte und 83 cm langer Klinge mit Hohlschliff.
Aus Augsburg.

No. 254. **Reiterschwert,** 1680, mit fast kugelförmigem Knaufe. Messingdrahtgriff, doppeltem Parirbogen nebst 2 gelochten Stichplatten und Daumenring. Die 92 cm lange Klinge zeigt Gravirungen eines Kopfes, einer mit Krummsäbel bewehrten Hand, Rankwerk und die Inschrift: »S. H. soli deo gloria · spes mea est deus. Anno 1680.«
Aus dem Wiener Zeughause. **Tafel 24.**

No. 255. **Reiterschwert,** 1650—1690, mit rundem Knaufe, Drahtgriff, doppeltem Parirbogen, nebst Stichplatte und 83 cm langer Klinge mit Marke.
Aus Graz.

No. 256. **Schwert,** 1650—1690, mit kugelförmigem Knaufe, Holzgriff, doppeltem Parirbogen und einschneidiger 63 cm langer Klinge mit Wolfsmarke.
Aus Wien.

No. 257. Schwert, 1650—1690, mit flach gedrücktem Knaufe, Holzgriff, Parirbogen nebst Bügel und 75 cm langer Klinge mit Hohlschliff und der Inschrift »Johannis Wundes« nebst Marke.
Aus Nürnberg.

No. 258. Schwert, 1660—1700, mit geschnittenem Knaufe, gerader Parirstange nebst Parirbogen und einschneidiger, 88 cm langer Klinge mit Marken.
Aus Augsburg.

No. 259. Schwert, 1640—1720, mit gedrücktem Knaufe, Leder- und Messingdrahtgriff, kurzer gerader Parirstange nebst Platte und Daumenring. Die 98 cm lange Klinge ist sehr schmal und steckt in Original-Lederscheide.
Aus Graz.

II. Krummschwerter.

No. 260. Dalmatiner oder ungarischer Säbel, 1630—1670, mit vierkantigem, dachförmigem Knaufe, Drahtgriff, Parirstange nebst grosser, theils silbertauschirter Parirplatte und Daumenring. Die einschneidige damascirte Klinge ist 71 cm lang und trägt Marken.
Aus Venedig. **Tafel 24.**

No. 261. Ungarischer Säbel, 1630—1670, mit gedrücktem Knaufe, Holzgriff, Parirstange nebst Daumenring, Korb und Parirplatte und einschneidiger, 84 cm langer Klinge.
Aus Venedig. **Tafel 24.**

No. 262. Ungarischer Säbel, 1650—1700, ganz in Messing montirt, mit Löwenkopf als Knauf, gewundenem Griffe, Parirstange, Stichplatte nebst Daumenring und einschneidiger, 78 cm langer Klinge.
Aus Venedig. **Tafel 24.**

No. 263. Bayerisches Offiziersschwert, 1714, in versilbertem Messing montirt, mit Sammtgriff, sehr kurzer gerader Parirstange nebst Daumenring und 84 cm langer Klinge, welche theils vergoldet und gravirt ist. Die Inschriften lauten: »vivat Maximilian Emanuel dux Bavaria, vivat Bavaria, Ruat perfidia. Under meinen Waffen Schutz, biet ich allen Feindt den Trutz 1714.« Dabei die Original-Scheide mit silberplattirtem Mundblech.
Aus dem kgl. bayer. Arsenale zu München. **Tafel 24.**

No. 264. Maria Theresia-Säbel, 1750—1780, mit Hirschhorngriff, silberplattirter Stichplatte und breiter, 59 cm langer Klinge, worauf Türkenköpfe gravirt sind, nebst Marke.
Aus Salzburg. **Tafel 24.**

No. 265. Bajonnet, 1650—1700, mit gestrecktem, birnförmigem Holzgriffe, rechtwinkelig aufwärts gebogener Parirstange nebst Parirring und 47 cm langer, theils einschneidiger Klinge.
Aus dem Nürnberger Zeughause.

No. 266. Cavallerie-Säbel, 1780—1820, mit Ledergriff, flachem Parirbügel nebst breiten durchbrochenen Stichplatten und gerader einschneidiger 88 cm langer Klinge, worauf ein gekrönter Adler und am Rücken »Fischer« gravirt ist. Dabei die Original-Eisenblech-Scheide.
Aus Würzburg.

No. 267. Bürgersäbel der Münchner Landwehr, 1830—1860, mit Ledergriff, Messing-Parirbügel und einschneidiger Klinge mit gravirtem vergoldetem L nebst Krone. Dabei die Lederscheide mit Messing-Mundblech und Stiefel.
Aus München.

No. 268. Bayrischer Chevauxlegers-Säbel, 1810—1830, mit Ledergriff, Parirbügel und einschneidiger Klinge mit gravirtem M. K. und Königs-Krone. Dabei die Eisenblechscheide.
Aus München.

No. 269. Französischer Kürassier-Säbel, von 1870—71, mit Ledergriff, Messingparirbügel, nebst schwarz-weiss-rothen Quasten und einschneidiger Klinge, mit Marken und Inschriften. 1835. Dabei die Eisenblechscheide.
Beutestück 1870.

No. 270. Französischer Yatagan, von 1870—1871, mit Messinggriff und einschneidiger Klinge, mit Marken und Inschriften. 1868. Dabei die Eisenblechscheide.
Beutestück 1870.

No. 271. Französischer Yatagan, von 1870—71, mit Messinggriff und einschneidiger Klinge, mit Marken und Inschriften. 1870. Beutestück 1870.

III. Degen.

No. 272. Degen, 1530—1570, mit hohem Knaufe, kurzer Angel, gerader Parirstange, nebst Daumenring und schmaler, abgebrochener Klinge von 32 cm Länge, nebst Marke.

Gefunden bei Mühldorf.

No. 273. Italienischer Degen, 1550—1590, mit geripptem Knaufe, Drahtgriff, gerader Parirstange, Parirring und Bügel, nebst 97 cm langer, durchbrochener Klinge, sammt Blutrinnen und der Inschrift und dem Zeichen des Antonio Picinio, wie folgender.
Aus Pisa. **Tafel 23. 24.**

No. 274.

Italienischer Korbdegen, 1580—1610, mit geschnittenem Knaufe, Kupferdrahtgriff, kurzer, gerader Parirstange, nebst Korb und 88 cm langer Klinge, mit der Inschrift und Marke des Antonio Picinio.
Aus Turin. **Tafel 23. 24.**

No. 275. Raufdegen, 1600—1640, mit hohem, geschnittenem Knaufe, Drahtgriff, geschwungener Parirstange, nebst Parirring und gelochter Stichplatte, nebst 109 cm langer Klinge, mit der Inschrift: »Pugho por la The, chatolica in Polonia.«
Aus Wien. **Tafel 22. 23.**

No. 276. Spanischer Glockendegen, 1580—1620, mit geschnittenem Knaufe, Drahtgriff, langer, gerader Parirstange, nebst Parirbügel und grosser, geschnittener und durchbrochener Glocke. Innerhalb der Glocke eine flache, geschnittene Stichplatte. Die 106 cm lange Klinge trägt die Inschrift des Julian Garcia.
Aus der Sammlung Wilhelmy. **Tafel 23. 24.**

No. 277. Italienischer Glockendegen, 1590—1630, mit canelirtem Knaufe, Drahtgriff, grosser Glocke aus 2 Stichplatten gebildet, langer, gerader Parirstange, nebst Parirbügel und 106 cm langer Klinge, mit Marken und der Inschrift: »Viana.«

Aus Turin. **Tafel 23. 24.**

No. 278.

Italienischer Korbdegen, 1600—1640, mit hohem Knaufe, Drahtgriff, langer gerader Parirstange, nebst Spangenkorb und aufgeschraubter, durchbrochener Stichplatte. Die 112 cm lange Klinge trägt die Inschrift: »Jesus, Maria«, nebst Marke.
Aus Neapel. **Tafel 24.**

No. 279. Italienischer Korbdegen, 1600—1640, mit gekerbtem Knaufe, Drahtgriff, Parirbügel und glockenförmigem Korbe aus Spiralen gebildet und 89 cm langer Klinge.
Aus Turin. **Tafel 23. 24.**

No. 280.

Italienischer Korbdegen, 1600—1640, mit geschnittenem Knaufe, einen weiblichen Kopf darstellend. Messingdrahtgriff, grossem Korbe, nebst durchbrochenen Stichplatten und 112 cm langer Klinge, mit Marken.
Aus Neapel. **Tafel 23. 24.**

No. 281. Korbdegen, 1610—1650, mit birnförmigem Knaufe, Holzgriff, gebogener Parirstange, nebst Daumenring, grossen, gelochten Stichplatten und 96 cm langer Klinge mit der Inschrift »Solingen.«
Aus Wien.

No. 282. Korbdegen, 1610—1650, mit hohem Knaufe, Messingdrahtgriff, gerader Parirstange und 106 cm langer Klinge mit Inschrift.
Aus Augsburg.

No. 283. Korbdegen, 1600—1690, mit kugelförmigem Knaufe, Drahtgriff, doppelten Parirbügeln, nebst Daumenring, geschnittener Stichplatte und 80 cm langer Klinge mit Marke und der Inschrift »Tol.«

Aus Wien.

No. 284. Degen, 1580—1620, mit birnförmigem Knaufe, kurzer Angel, sehr kurzer Parirstange, nebst Parirring und 82 cm langer Klinge mit Rinne.
Gefunden in Abbach bei Regensburg. **Tafel 24.**

No. 285. Degen, 1590—1630, mit geschnittenem Knaufe, Holzgriff, Parirbügel und Parirring aus verschlungenen Schlangen gebildet und edel geschnittenen Mascerons am Klingenansatze. Die 76 cm lange Klinge hat eine Einlagrinne.
Gefunden bei Landshut. **Tafel 23. 24.**

No. 286. Vergoldeter Galadegen, 1670—1720, mit geschnittenem, durchbrochenem Knaufe und gleichem Parirbügel, nebst Stichplatte. Der Griff aus gelblichem Stoffe mit Blechstreifen bewickelt. Die 3 schneidige, leicht gravirte Klinge misst 78 cm.
Aus Augsburg. **Tafel 24.**

No. 287. Silbertauschirter Galadegen, 1700—1730, mit kugelförmigem Knaufe, Drahtgriff, tauschirtem Parirbügel, nebst Stichplatte und 74 cm langer, 2 schneidiger, gravirter Klinge.
Aus München. **Tafel 24.**

No. 288. Messing-Galadegen, 1690—1720, mit durchbrochenem Knaufe, Drahtgriff, gegossenem Parirbügel und Stichplatte, welche mit Figuren geziert sind. Die 79 cm lange, 2 schneidige Klinge trägt die Inschrift: »Bey Gott ist Rum und Amt«, nebst eingravirtem St. Georg zu Pferd. Dabei die Lederscheide mit Messing. Mundblech und Stiefel.
Aus Landshut. **Tafel 24.**

No. 289. Französischer Galadegen, 1700—1730, mit geschnittenem, durchbrochenem Knaufe, Drahtgriff, Parirbügel, nebst Stichplatte und einschneidiger Klinge von 95 cm Länge mit der Inschrift: »Vive le roy« und Gravirungen.
Ursprung unbekannt. **Tafel 24.**

No. 290. Galadegen, 1710—1740, mit durchbrochenem Knaufe, Parirbügel, Stichplatte, facettirtem Stahlgriffe und 84 cm langer, 3 schneidiger, gravirter Klinge.
Aus Augsburg.

No. 291. * Galadegen, 1690—1730, mit kugelförmigem, geschnittenem Knaufe, Drahtgriff, sehr kurzer Parirstange und vorgestreckter, gelochter Stichplatte. Die 79 cm lange Klinge trägt die Marken und Namen des »Tomas Ajala«.

Aus Venedig. **Tafel 24.**

No. 292. Galadegen, 1700—1740, mit kugelförmigem, durchbrochenem Knaufe, Drahtgriff, kurzer, gerader Parirstange, gelochter Stichplatte und 3 schneidiger, 79 cm langer Klinge, mit Gravirungen.
Aus München.

No. 293. Galadegen, 1770—1800, mit geripptem Knaufe, Parirbügel, nebst Stichplatte, Drahtgriff und 79 cm langer, 2 schneidiger Klinge.
Ursprung unbekannt.

No. 294. Galadegen, 1780—1810, mit Knauf, Griff, Parirbügel, nebst Stichplatte von facettirtem Stahle, mit Sternen und 77 cm langer, 3 schneidiger Klinge.
Aus Landshut.

No. 295. Messing-Galadegen, 1780—1810, mit durchbrochenem Knaufe, Parirbügel nebst Stichplatte, Kupferdrahtgriff und 85 cm langer, 3 schneidiger, gravirter Klinge.
Aus München. **Tafel 24.**

No. 296. Bayerischer Galadegen, 1800—1830, mit eckigem Knaufe, Holzgriff, worauf ein Schildchen mit »M. J.« (Max Josef) und unter dem Parirbügel ein bayerischer Löwe mit Rautenschild. Die 83 cm lange Klinge ist zur Hälfte einschneidig, blau angelaufen, und mit vergoldeten Gravirungen versehen.
Aus München.

No. 297. Bayerischer Galadegen, 1820—1850, mit Hundekopf als Knauf, Holzgriff, mit »T. W.« (Theodor Wallerstein), Parirbügel nebst Stichplatte, worauf das fürstlich Wallerstein'sche Wappen. Die zur Hälfte blau angelaufene Klinge mit goldenem Ornamente und »L« nebst Königskrone misst 77 cm. Dabei die Lederscheide sammt Mundblech und Stiefel. Sämmtliche Montirungen sind von vergoldetem Messing.
Aus dem Besitze eines fürstlich Wallerstein'schen Patrimonial-Richters.

No. 298. Bayerischer Galadegen, 1864, mit Knauf, Griff und Parirbügel aus facettirtem Stahle und Stichplatte mit dem Münchner Stadtwappen. Die 76 cm lange Klinge ist leicht geätzt. Dabei die weiss-lederne Scheide mit Mundblech und Stiefel.
Aus dem Besitze eines Münchner Gemeindebevollmächtigten.

IV. Klingen.

No. 299.  **Degenklinge,** 1580—1620, 2 schneidig mit Marke unter der Angel, 79 cm lang.
Aus Burghausen.

No. 300.  **Degenklinge,** 1550—1600, mit 2 Rinnen und der Inschrift: »Antonio Picinio«, nebst Marke, 76 cm lang.
Aus Turin.

No. 301. Degenklinge, 1600—1650, mit Rinnen und der Inschrift: »Solingen mecht«, 71 cm lang, nebst geripptem Knaufe.
Aus Burghausen.

No. 302. **Breite Degenklinge,** 1790—1830, mit geripptem Knaufe und Griff, ohne Parirstange, 78 cm lang.
Aus München.

No. 303.  **Schwertklinge,** 1750—1780, einschneidig, mit Hohlschliff, dem eingravirtem Habsburger Wappen und der Inschrift: »Vivat Maria Theresia«, nebst Marke an der Angel, 88 cm lang.
Aus Wien.

No. 304. **Schwertklinge,** 1720—1770, 2schneidig, mit Hohlschliff und eingravirten Trophäen und Laubwerk, 100 cm lang.
Aus Würzburg.

No. 305. **Geschnittener Schwertknauf,** 1550—1600, mit Figuren und Spuren ehemaliger Vergoldung.
Gefunden bei Augsburg.

V. Schwertgehänge.

No. 306. **Schwertgehänge,** 1600—1650, von grünem Atlas mit schwarzer Blattstickerei und blau angelaufenen Schnallen und Haken, nebst einem Endstücke.
Aus Nürnberg. **Tafel 24.**

No. 307. **Degengehänge,** 1700—1750, in Form eines breiten, durchbrochenen Hakens, mit 2 Kettchen und Karabinern, nebst Mundblech und Ortband.
Aus München. **Tafel 24.**

VI. Dolche.

No. 308. **Dolchklinge,** aus Bronze, 5. Jahrhundert, mit 14 cm langer, lanzettförmiger Klinge, nebst den Griffnieten.
Ursprung unbekannt. **Tafel 15.**

No. 309. **Dolchmesser,** aus Eisen, 10. bis 12. Jahrhundert, mit dickem Ringe statt Knauf, kurzer Parirstange und breiter 28 cm langer, einschneidiger Klinge.
Gefunden im Starnberger See. **Tafel 15.**

No. 310. **Dolch,** 1250—1300, zweischneidig, mit Blutrinnen, 25 cm lang. Die flache Angel mit den Griffnieten und ohne Parirstange und Knauf, was für die Zeit charakteristisch.
Gefunden bei Bamberg. **Tafel 15.**

No. 311. **Dolch,** 14. Jahrhundert, mit gebogener Spange statt Knauf, kurzer Parirstange nebst Zapfenansatz für den Griff und 2schneidiger, 24 cm langer Klinge.
Gefunden bei Mühldorf. **Tafel 15.**

No. 312. **Dolch,** 14. Jahrhundert, wie der vorige, mit gebogener Spange statt Knauf, kurzer Parirstange nebst Zapfenansatz für den Griff und 2schneidiger, 20 cm langer Klinge.
Gefunden beim Bahnbau bei Simbach. **Tafel 15.**

No. 313. **Einschneidiger Dolch,** 1380—1430, (Panzerbrecher), mit flacher Scheibe als Knauf, Eisengriff, gezackter Platte als Parirscheibe und 25 cm langer, an der Spitze 3kantiger Klinge.
Aus Nürnberg. **Tafel 15.**

No. 314. **Dolch,** 1390—1440, mit flacher Scheibe als Knauf, und Parirplatte und 3kantiger Klinge von 18 cm Länge.
Gefunden bei Andechs am Ammersee. **Tafel 15.**

No. 315. **Dolch,** 1420—1460, mit hutförmigem Knaufe, kurzer, abwärts gebogener Parirstange und 4kantiger, 25 cm langer Klinge.
Gefunden beim Starnberger See. **Tafel 15.**

No. 316. **Dolch,** 1480—1520, mit gedrücktem Knaufe, eisernem Doppelgriffe, kurzer Parirstange mit Birnen und 31 cm langer, 2schneidiger Klinge.
Aus der Sammlung Wilhelmy. **Tafel 15.**

No. 317. **Dolch,** 1520—1550, mit gewundenem Knaufe, eisernem, gebauchtem Griffe, kleiner Parirstange nebst Stichplättchen und 21 cm langer, 2schneidiger Klinge.
Aus Augsburg. **Tafel 15.**

No. 318. **Dolch,** 1530—1560, mit breitem, canelirt geschnittenem Knaufe, Fischhautgriff, abwärts gebogener, eingerollter Parirstange, und 32 cm langer, 2schneidiger Klinge, welche mit Ätzornamenten versehen ist. Dabei die Original-Lederscheide mit Eisenstiefel. Dieser Dolch ist von gleicher Arbeit wie das Schwert No. 218 und stammt ebenfalls aus der sogenannten Löffelholz-Sammlung in Augsburg. **Tafel 15. 19.**

No. 319. Dolch, 1550—1580, goldtauschirt mit 6eckigem Knaufe, gebauchtem Griffe und breiter, abwärts gebogener Parirstange nebst Parirring. Die 2schneidige Klinge misst 34 cm. Die Goldtausia des ganzen Griffes ist in der Art eines Virgil Solis; jedoch vermuthlich Arbeit des Desiderius Kollmann und finden sich ähnliche Schwertgefässe für Carl V. gefertigt in Madrid und Berlin.
Aus der Sammlung Wilhelmy. **Tafel 15. 19.**

No. 320. Parirdolch, 1530—1570, mit hohem Knaufe, Holzgriff, grosser, abwärts gebogener Parirstange, nebst Parirring und breiter, 42 cm langer Klinge mit Rinne und Marken.
Aus Augsburg. **Tafel 15.**

No. 321. Parirdolch, 1530—1570, mit hohem, canelirtem Knaufe, Drahtgriff, gerader Parirstange, nebst Parirring und 25 cm langer Klinge mit 2 Rinnen.
Aus dem Schlosse Thun im Nonsthale. **Tafel 15.**

No. 322. Parirdolch, 1550—1580, mit glattem Knaufe, nebst Aufsatzniete, Holzgriff, gerader Parirstange nebst Parirring und Parirhaken, und 27 cm langer Klinge mit 2 Rinnen.
Aus München. **Tafel 15.**

No. 323. Dolch, 1540—1580, mit S förmig auf- und abwärts gebogener Parirstange nebst Parirring, welche sammt dem hohen Knaufe ursprünglich silbertauschirt waren. Der Drahtgriff ist rautenförmig und die 22 cm lange Klinge durchbrochen und mit Blutrinnen versehen. Dabei die Original-Lederscheide mit Eisen-Mundblech und Stiefel.
Aus Wasserburg. **Tafel 15.**

No. 324. Dolch, 1540—1580, silbertauschirt, mit kugeligem Knaufe, Drahtgriff, auf- und abwärts gebogener Parirstange und 22 cm langer, durchbrochener Klinge mit Blutrinnen. Dabei die Sammtscheide mit silbertauschirtem Mundblech und Stiefel.
Aus Würzburg. **Tafel 15.**

No. 325. Dolch, 1540—1580, mit 6eckigem, hohem Knaufe, gebauchtem Eisengriffe und kurzer, 4kantiger Parirstange. Knauf und Griff sind in einem geschmiedet und sammt der Parirstange mit feinen Ornamentätzungen versehen. Die 2schneidige Klinge ist 27 cm lang.
Aus Neuburg a. Donau. **Tafel 15.**

No. 326. Parirdolch, 1560—1610, mit kugeligem, geperltem Knaufe, Drahtgriff, grosser, stark abwärts gebogener Parirstange, nebst Parirring und kurzem Bügel. Die 32 cm lange, 3theilige Springklinge theilt sich durch einen Druck auf den unter dem Parirringe befindlichen Vorsprung.
Aus Nürnberg. **Tafel 15.**

No. 327. Parirdolch, 1570—1620, mit geripptem Knaufe, Holzgriff, langer, gerader Parirstange, nebst grosser, durchbrochener, bis an den Knauf reichender Stichplatte, und 46 cm langer, theils gravirter Klinge mit Rippe und Buchstaben.
Aus der Sammlung Wilhelmy. **Tafel 15.**

No. 328. Dolch, 1560—1600, in Eisen getrieben, mit flachem Knaufe, scheibenförmiger Stichplatte und 3schneidiger, 25 cm langer Klinge. Dabei die hoch in Eisen getriebene Scheide mit Figuren, Fratzen und Ornamenten. Auf der Rückseite die Zahl »1579. H. I. B. G. B. u. V. G.« nebst einem Wappen.
Aus Augsburg. **Tafel 15.**

No. 329. Dolch, 1600—1640, mit gedrücktem Knaufe, Holzgriff, kurzer Parirstange, nebst Knöpfen und 29 cm langer, 2schneidiger Klinge.
Aus München. **Tafel 15.**

No. 330. Spitzdolch, 1600—1640, mit gravirtem Knaufe, Holz gedrehtem Griffe, kurzer Parirstange nebst gravirten Knöpfen und 4kantiger, 22 cm langer Klinge.
Aus Nürnberg. **Tafel 15.**

No. 331. Spitzdolch, 1590—1620, ganz in Eisen gedreht, mit gewundenem Knaufe und gleichen Knöpfen an der kurzen Parirstange und 3schneidiger, 17 cm langer Klinge. Dabei die Lederscheide mit Mundblech und Stiefel.
Aus Innsbruck. **Tafel 15.**

No. 332. Spitzdolch, 1590—1620, mit gedrücktem Knaufe, einem gedrehten Griffe, kurzer Parirstange nebst Knöpfen und 3kantiger, 21 cm langer Klinge. Dabei die Lederscheide mit gedrehtem Mundblech und Stiefel.
Aus Jettenbach. **Tafel 15.**

No. 333. Spitzdolch, 1590—1620, ganz in Eisen gedreht, mit pflaumenförmigem Knaufe und gleichen Knöpfen an der kurzen Parirstange und 15 cm langer, vierkantiger Klinge.
Aus Nürnberg. **Tafel 15.**

No. 334. Dolch, 1600—1640, mit muschelförmig geschnittenem Knaufe, Ledergriff, eisengedrehter Parirstange und 23 cm langer, anfangs geätzter Klinge mit 2 Rinnen, Marke und Inschrift: »Franzisco Pichinio.«
Aus Venedig. **Tafel 15.**

No. 335. Spitzdolch, 1650—1700, mit kleinem Knaufe, schwarzem Holzgriffe, abwärts gebogener Parirstange nebst muschelförmiger Stichplatte und 26 cm langer, anfangs silbertauschirter und 4 kantiger Klinge. Dabei die Lederscheide mit Mundblech und Stiefel.
Aus München. **Tafel 15.**

No. 336. Dolch, 1690—1730, mit elfenbeinernem Griffe, einen Thierkopf in Laubwerk darstellend, kleiner Messing vergoldeter Parirstange und 22 cm langer, zweischneidiger Klinge. Dabei die rothe Sammtscheide mit Messing vergoldetem Mundblech und Stiefel.
Aus Salzburg. **Tafel 15.**

No. 337. Dolch, 1730—1790, mit in Messing geschnittenem, vergoldetem Knaufe, gemaltem Porzellangriffe und Messing vergoldeter Parirstange nebst durchbrochenem Parirringe. Die 16 cm lange Klinge mit Rinne trägt die Inschrift: »Enio«, und Marken. Dabei die Lederscheide mit vergoldetem Mundblech und Stiefel.

Ursprung unbekannt. **Tafel 15.**

No. 338. Dolch, 1600—1650, mit hohem Knaufe, Eisengriff, abwärts gebogener Parirstange nebst Parirringen und 24 cm langer Klinge mit 3 Rinnen. Dabei die Sammtscheide mit Mundblech und Stiefel.
Aus München.

No. 339. Dolch, 1690—1740, mit einem Kopf als Knauf, Eisengriff und flacher Parirstange. Die 32 cm lange Klinge ist 4 kantig und gewunden, mit wellenförmigen Schneiden.
Aus München.

No. 340. Dolch, 1660—1700, mit kugeligem, silbertauschirtem Knaufe, Holzgriff, silbertauschirter Parirstange nebst Stichplatten und 3 schneidiger, 17 cm langer Klinge. Vermuthlich ehemals ein Degen.
Aus Augsburg.

No. 341. Dolch, 1690—1730, mit Horngriff, worin Messingstiften, eisengedrehter Parirstange nebst durchbrochener Stichplatte und 3 schneidiger, gravirter 19 cm langer Klinge.
Aus Innsbruck.

No. 342. Dolch, 1700—1750, mit gewundenem Beingriffe, geflammter Parirstange und geflammter 13 cm langer Klinge. Dabei die rothe Sammtscheide mit plattirtem Mundblech und Stiefel.
Aus München.

No. 343.  **Dolch** oder Jagdmesser, 1700—1750, mit gewundenem Holzgriffe, kurzer Messingparirstange nebst kleiner Stichplatte und 32 cm langer, gegen die Spitze 2 schneidiger Klinge mit Marke. Dabei die Lederscheide mit Stiefel.
Aus Starnberg.

No. 344. Jagdmesser, 1580—1630, ohne Griff mit kleiner Stichplatte und 29 cm langer, gegen die Spitze zu 2 schneidiger Klinge.
Gefunden bei Starnberg.

No. 345. Dolchmesser, 1690—1730, mit schwarzem Holzgriffe und Messingdrähten und 25 cm langer, an der Spitze verdickter Klinge.
Aus Nürnberg.

No. 346. Waid- oder Rebenmesser, 1540—1590, mit eisengeschnittenem Knaufe, Hirschhorngriff und breiter, 21 cm langer, geätzter Klinge mit Haken.
Aus Regensburg. **Tafel 15.**

No. 347. Dolchscheide, 1580—1620, aus durchbrochenem Eisen, mit kleinen beweglichen Messingringen verziert, 28 cm lang.
Aus Wasserburg. **Tafel 15.**

No. 348. Dolchscheide, 1560—1600, aus ziemlich weit durchbrochenem Eisen mit Ketten und Gürtelhaken, 21 cm lang.
Aus Wasserburg. **Tafel 15.**

No. 349. Dolchscheide, 1600—1650, aus durchbrochenem Eisen geschnitten, mit Sammtfutter, 35 cm lang.
Aus Innsbruck. **Tafel 15.**

VII. Streitkolben.

No. 350. Langer Streitkolben, 1450—1490, mit langer, 3 kantiger Spitze und 6 herzförmig durchbrochenen Schlagflächen, sammt Messingrosetten. An der Hülse die Buchstaben »P. S. V. S. 33«. Der 6 eckige Original-Schaft ist schuppenförmig geschnitten und die geflammten Federn theils mit Messingplättchen befestigt.
Am Schloss Spital in Kärnten. **Tafel 29.**

No. 351. Kurzer eiserner Streitkolben, 1490—1530, mit 6 fachen Schlagflächen und Holzgriff, der mit Schnur bewickelt, zwischen 2 runden Platten.
Aus Nürnberg. **Tafel 29.**

No. 352. Italienischer Streitkolben, 1500—1550, mit ursprünglich 8 Schlagflächen, wovon nur 4 erhalten sind, und canelirtem, eisernem Schafte, der noch theilweise vergoldet ist.
Aus Pisa. **Tafel 29.**

No. 353. **Silbertauschirter Streitkolben,** 1530—1580, in Kürbisform, mit gewundenem, reich tauschirtem Schafte, worin noch die Holzreste des Griffes stecken.
Gefunden bei Mühldorf. **Tafel 29.**

No. 354. **Eiserner Streitkolben,** 1540—1590, von runder Form, mit 10 Schlagflächen und langem Ledergriffe, der in einen vergoldeten Knopf endigt.
Aus Wien. **Tafel 29.**

No. 355. **Hölzerner Streitkolben,** 1520—1570, 8eckig, von bauchiger Form, mit 4kantigen Stacheln versehen.
Aus Hohenaschau. **Tafel 29.**

VIII. Kriegsflegel.

No. 356. **Kriegsflegel,** 1500—1550, mit gewundenen Eisenstäben, Zwingen und 4kantigen Stacheln versehen. Die Eisentheile sind roth gestrichen, und die Stange abgebrochen.
Aus Hohenaschau. **Tafel 29.**

No. 357. **Kriegsflegel,** 1580—1640, mit einem mittelst Kette befestigtem Knaufe an langem Holzschafte.
Ursprung unbekannt.

IX. Streithammer.

No. 358. **Langer Streithammer,** 1470—1520, oben mit 2schneidiger Spitze, 4kantigem Schnabel und 4fach getheiltem Hammer, nebst 2 Seitenstacheln. Der Holzschaft ist zur Hälfte mit Leder bezogen und hat einen gespitzten Eisenstiefel.
Aus Nürnberg. **Tafel 29.**

No. 359. **Eiserner Streithammer,** 1500—1540, mit canelirtem, langem Schnabel, vierfach getheiltem Hammer, lederbezogenem und eisengewundenem Schafte, nebst Ledergriff und geschnittenem Knaufe am Ende.
Aus Wasserburg. **Tafel 29.**

No. 360. **Streithammer,** 1510—1550, mit sehr langem Schnabel, einem in viereckiger Platte endigendem Hammer und zur Hälfte benageltem Original-Holzschaft.
Aus Hochosterwitz. **Tafel 29.**

No. 361. **Eiserner Streithammer,** 1590—1560, mit kurzem, 4kantigem Schnabel, 4kantigem Hammer nebst Gürtelhaken, und Faustriemenloch über dem Handgriffe.
Aus Jettenbach. **Tafel 29.**

No. 362. **Streithammer,** 1530—1570, mit langem Schnabel, birnförmigem Hammer und Holzschaft mit Faustriemenloch.
Aus Augsburg.

No. 363. **Streithammer,** 1490—1540, mit vierkantigem Schnabel, kurzem Hammer nebst Gürtelhaken, gewundenem Schafte und Holzgriff.
Gefunden am Ammersee.

No. 364. **Streithammer,** 1460—1500, Stangenwaffe, Luzernerhammer mit langer Spitze und Schnabel, 4 fach getheiltem Hammer, nebst 2 Seitenstacheln am Originalschafte.
Aus Solothurn. **Tafel 10.**

X. Streitäxte.

No. 365. **Praehistorisches Streitbeil,** aus schwarzem Nephrit, mit grossem Schaftloch.
Gefunden in der Schweiz.

No. 366. **Kleiner praehistorischer Streitmeissel** aus schwarz-grauem Steine (Nephrit?).
Fundort unbekannt.

No. 367. **Germanisches Streitbeil** aus Bronze, 4. bis 5. Jahrhundert, mit halbkreisförmiger Schneide und langer Zunge.
Gefunden im Türkengraben bei München.

No. 368. **Germanisches Streitbeil,** mit breiterer Schneide und kürzerer Zunge als das vorige, im übrigen gleich.

No. 369. **Germanisches Streitbeil,** gleich den vorigen in Form und Fundort.

No. 370. **Bronzestreitmeissel,** (Kelt) 5. Jahrhundert, mit schmaler Schneide, zu doppelten Hülsen aufgebogenen Rändern und rückwärtiger Verlängerung mit Loch.
Aus der Schweiz.

No. 371. **Bronzestreitmeissel,** (Kelt) 5. Jahrhundert, mit breiterer Schneide als der vorige, und ebenfalls zu doppelten Hülsen aufgebogenen Rändern.
Aus der Schweiz.

No. 372.  **Grosses gothisches Schlachtbeil,** 1460—1510, mit sehr breiter Schneide, langer Tille, nebst 2 sehr schön in Messing eingeschlagenen Marken, an kurzem Holzschafte.
Aus Hochosterwitz. **Tafel 28.**

No. 373. **Gothisches Schlachtbeil,** 1460—1520, mit hoher Schneide, hammerförmigem Ansatze rückwärts, nebst Marke und langem Originalschafte.
 Aus dem Rathhause zu Schwabach. **Tafel 28.**

No. 374. **Kurze Streitaxt,** 1500—1550, ganz aus Eisen mit langem Schnabel, kleinem halbrunden Beile, 6 eckigem Schafte nebst Gürtelhaken und Holzgriff, woran noch Fischhautbezug sichtbar, zwischen 2 runden Platten.
Aus Jettenbach. **Tafel 28.**

No. 375. **Streitaxt,** 1530—1580, mit 4 kantiger Spitze und Schnabel, radförmig durchbrochenem Beile und durch die langen Federn fast ganz gedecktem Holzschafte nebst Leder bezogenem Handgriffe.
Aus Wien. **Tafel 28.**

No. 376. **Streitaxt,** 1540—1590, mit 4 kantiger, stumpfer Spitze, fast halbrunder Schneide, vierkantigem Hammer, sehr langer Tille, worin der schwarze Holzschaft, der theilweise mit gepresstem Leder bezogen ist. Über dem Handgriffe ein Faustriemenloch.
Aus Wien. **Tafel 28.**

No. 377. **Ausgegrabenes Streitbeil,** 14. Jahrhundert, mit abstehender, messerartiger Schneide, hammerförmigem Ansatze und langer Schafttille.
Gefunden im Ammersee.

No. 378. **Ausgegrabenes Beil,** 16. Jahrhundert, mit grosser, einseitig geschliffener Schneide und weiter Schafttille.
Gefunden bei Sendling.

No. 379.  **Streitaxt,** 1520—1560, von kleiner Form, mit durchbrochener Eichel und Hammeransatz, nebst Marke, an Holzschaft.
Aus Wien. **Tafel 28.**

No. 380. **Schweizer Mordaxt,** 1470—1520, mit 4 kantiger Spitze, 2 mal gelochtem Beile und 4 fach getheiltem Hammer, nebst Seitenstacheln an langem Originalschafte.
Aus Bregenz. **Tafel 10.**

No. 381. **Schweizer Mordaxt,** 1500—1550, mit 4 kantiger Spitze und Vogelschnabel, nebst durchbrochenem Beile und Seitenstacheln an langem Originalschafte, nebst eingeschnittenem »W. A.«
Aus dem Zeughause zu Solothurn. **Tafel 10.**

No. 382.  **Schweizer Mordaxt,** 1430—1490, mit 4 kantiger Spitze, kurzem dicken Vogelschnabel und 5 fach gelochtem Beile, nebst Marke an langem Originalschafte, unten mit Zwinge und Stachel.
Aus dem Zeughause zu Solothurn. **Tafel 10.**

No. 383. **Italienische Streitaxt,** 1580—1630, mit breiter, 2 schneidiger Spitze, grossem Beile, worauf Trophäen eingehauen, viereckigem Hammer mit Spitze und 2 Seitenstacheln an langem Holzschafte.
Aus Bozen. **Tafel 10.**

No. 384.  **Paradeaxt,** 1657, mit leichtem, flachem, oben gespitztem Beile, nebst Marke und 8 Löchern. Der Schaft ist reich mit Bein und Messing eingelegt und unten »C. M. 1657« eingravirt.
Aus Annaberg in Sachsen.

No. 385. **Streitaxt** mit Feuerrohr, 1530—1570, reich geätzt und vergoldet, mit, im Rohre steckendem, geätztem Knaufe, länglichem, durchbrochenem Beile und 8 eckigem, gedrücktem Knopfe als Hammer. Das Feuerrohr ist von einer mit Elfenbein eingelegten Holzhülse umgeben, und mit zierlichem Radschlosse und Messingdraht umwundenem Griffe versehen. In diesem Handgriffe steckt nach unten ein langer, mit Elfenbein eingelegter Schaft mit geäzter Zwinge, worin der Ladstock eingeschraubt ist, der zugleich den Radschlüssel und einen Schraubenzieher bildet. Diese Streitaxt erinnert an Waffen Carl's V. in Madrid und andern Orten.
Aus Wien, vermuthlich dem kais. königl. Arsenale. **Tafel 28.**

No. 386. **Streitaxt** mit Feuerrohr, 1640—1680, mit abwärts gebogenem Beile, vierkantigem Hammer, punktirt eingehauenem Rohre und Feuersteinbatterie. Der mit Thieren und Arabesken reich in Elfenbein eingelegte, gerade Schaft birgt den Ladstock und am untern Ende eine lange 4 kantige Klinge.
Aus Hohenaschau. **Tafel 28.**

No. 387. **Streithammer** mit Feuerrohr, 1640—1680, mit sehr kleinem Hammer, worauf ein Knopf als Visier, und Feuersteinbatterie. Der mit Thieren und Arabesken reich in Elfenbein und Perlmutter eingelegte Schaft birgt den Ladstock.
Aus Bozen. **Tafel 29.**

XI. Kriegssensen.

No. 388. **Kriegssense,** 1550—1600, mit gewöhnlicher Ackersense, in gerader Linie mit dem Holzschafte.
Aus Nürnberg.

No. 389. **Kriegssense,** 1780—1820, mit Sensenklinge nebst Marke, einem Haken rückwärts und einem Federhäkchen an der langen Tille.

Aus dem Zeughause zu Graz.

XII. Cousen.

No. 390.  **Couse,** 1480—1530, von schmaler, schlanker Form, ziemlich dick und oben 2 schneidig, mit Marke. Etwas zerfressen an kurzem Originalschaft.
Aus Innsbruck. **Tafel 26.**

No. 391.  **Couse,** 1530, bayerisch, ziemlich schlank, zur Hälfte 2 schneidig, mit Marke und geätzter Jahreszahl.
Gefunden im Lech bei Augsburg. **Tafel 26.**

No. 392. **Einschneidige geätzte Couse,** 1600—1640, der Trabanten des Salzburger Erzbischofes, Marx Sittich von Hohenems, beiderseits mit dessen Wappen und Ornamenten bedeckt, das untere Ornament jedoch etwas wechselnd. Am Originalschafte.
Aus dem königl. bayer. Arsenale zu München. **Tafel 20.**

No. 393. **Einschneidige geätzte Couse,** 1600—1640, der Trabanten des Salzburger Erzbischofes, Marx Sittich von Hohenems, beiderseits mit dessen Wappen und gleichen Ornamenten bedeckt. Am Originalschafte.
Aus dem königl. bayer. Arsenale zu München. **Tafel 20.**

XIII. Glefen.

No. 394. **Grosse italienische Glefe,** 1600—1650, mit gebogener Schneide, aufwärts stehendem Parirhaken, nebst 2 Stacheln an der Tille und eingehauenen Ornamenten.
Aus dem Zeughause zu Pisa. **Tafel 26.**

No. 395. **Grosse italienische Glefe,** 1620—1660, mit gebogener Schneide, 4 kantiger Spitze am Rücken, und theilweiser Durchlochung.
Aus dem Zeughause zu Pisa. **Tafel 26.**

No. 396. **Grosse italienische Glefe,** 1630—1670, mit gebogener Schneide, geflammtem Halbmonde am Rücken und eingehauenen Ornamenten.
Aus dem Zeughause zu Pisa. **Tafel 26.**

No. 397. **Glefe** oder Rossschinder, 1480—1530, mit 4 kantiger Spitze, sichelartigem Haken, ausgebauchter Schneide, 4 kantiger Spitze am Rücken und 2 Ansatzstacheln, nebst dem Originalschafte.
Aus dem Zeughause zu Solothurn. **Tafel 26.**

No. 398. **Italienische Glefe,** 1500—1540, mit 2schneidiger Spitze, vorwärts geneigter Scheide, kurzem Haken rückwärts, und Ansatzspitzen, wovon die eine fehlt.
Aus dem Schlosse Thun im Nonsthale. **Tafel 26.**

No. 399. **Grosse kursächsische Glefe,** 1530—1580, vom Schafte abstehend, mittelst grosser Ösen befestigt, einem sichelförmigen Haken rückwärts und einer runden Stichplatte unterhalb. Die Klinge, sowie sämmtliche Eisentheile sind ganz mit Ätzungen bedeckt, auf beiden Seiten das sächsische Wappen, sowie auch auf den Köpfen der Messingnägel, worauf noch der Buchstabe »H«. Der zur Hälfte noch erhaltene Originalschaft war mit schwarzem Tuche bezogen, wovon noch Reste erhalten sind.

Aus dem kais. kgl. Arsenale zu Wien. **Tafel 19.**

XIV. Kriegssicheln.

No. 400. **Kriegssichel,** 1690—1730, mit langer, säbelartiger Klinge, nebst grossem Beile an 4 kantiger Tille und dem Originalschafte. Vom Fussvolke Max Emanuel's.
Aus dem kgl. bayer. Arsenale zu München. **Tafel 26.**

No. 401. **Kriegssichel,** 1690—1730, mit langer, säbelartiger Klinge, nebst grossem Beile an 4 kantiger Tille und dem Originalschafte. Vom Fussvolke Max Emanuel's.
Aus dem kgl. bayer. Arsenale zu München.

XV. Helmbarten.

No. 402. Bündtner Helmbarte, 1380—1430, mit breiter, langer Spitze, langer Schneide, nebst Haken und Marke.

Aus Schaffhausen. **Tafel 2.**

No. 403.  **Bündtner Helmbarte,** 1390—1440, mit breiter Spitze, langer Schneide und Haken nebst Marke.
Aus Schaffhausen. **Tafel 3.**

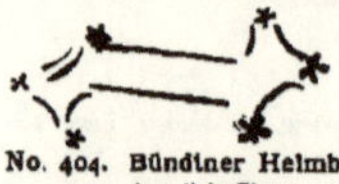

No. 404. Bündtner Helmbarte, 1390—1440, mit abgesetzter Spitze, langer Schneide und kurzem Haken.
Aus Schaffhausen. **Tafel 26.**

No. 405. Bündtner Helmbarte, 1440—1450, mit breiter Spitze, langer Schneide, 5mal gelocht, und Haken nebst Marke am Originalschafte.

Aus Schaffhausen. **Tafel 2.**

No 406. Schwyzer Helmbarte, 1380—1430, mit breiter, oben 4kantiger Spitze, gerader Schneide, nebst durchbrochenem Kreuze und breitem Haken nebst Marke, am Originalschafte.

Aus Solothurn. **Tafel 26.**

No. 407.  **Solothurner Helmbarte,** 1400—1450, mit breiter, oben 4kantiger Spitze, gebogener Schneide nebst Marke, doppeltem Haken und dem Originalschafte.
Aus Solothurn. **Tafel 2.**

No. 408. Berner Helmbarte, 1400—1450, mit breiter, oben 4kantiger Spitze, gebogener Schneide, einfachem Haken nebst Marke und Seitenstachel.

Aus Solothurn. **Tafel 3.**

No. 409. Deutsche Helmbarte, 1400—1450, mit breiter Spitze, beilartiger Schneide, 3mal gelocht, und langem Haken mit Marke, nebst dem Originalschafte.

Aus Innsbruck. **Tafel 3.**

No. 410. Deutsche Helmbarte, 1430—1480, mit 4kantiger Spitze, vorgeneigter Schneide, nebst Marke und gesichtartigem Haken, am Originalschafte.

Aus Wasserburg. **Tafel 27.**

No. 411. Deutsche Helmbarte, 1430—1480, mit 4kantiger Spitze, vorgeneigter Schneide, nebst 3 Löchern und kurzem gesichtartigem Haken, am Originalschafte.
Aus Landshut. **Tafel 26.**

No. 412. Deutsche Helmbarte, 1450—1500, mit 4kantiger Spitze, breiter, vorgeneigter Schneide, gesichtartigem Haken und geflammten Federn, am Originalschaft.
Aus Graz.

No. 413. Deutsche Helmbarte, 1460—1510, mit einschneidiger, langer Spitze, breiter, vorgeneigter Schneide, gesichtartigem Haken und Messingrosetten an der Tille, nebst dem Originalschafte.
Aus Innsbruck. **Tafel 26.**

No. 414.  **Schwyzer Helmbarte,** 1460—1510, mit 2schneidiger Spitze, beilartiger Schneide, nebst durchbrochenem Kreuze, dreimal gelochtem Haken und Ansatzstacheln nebst Marke.
Aus Solothurn. **Tafel 26.**

No. 415.  **Deutsche Helmbarte,** 1460—1510, mit langer, 4kantiger Spitze, nebst Marke, vorgeneigter, vierpassartig durchbrochener Schneide und kleeblattförmig durchbrochenem Haken, am Originalschafte.
Aus dem Münchener Zeughause. **Tafel 27.**

No. 416. **Deutsche Helmbarte,** 1470—1520, mit langer, 4kantiger Spitze, halbmondförmiger Schneide, 13 mal gelocht, gesichtförmigem, 2 mal gelochtem Haken, nebst Marke, am Originalschafte, mit doppelten Eisenzwingen am unteren Ende.
 Aus dem Zeughause zu Burghausen.

No. 417. **Deutsche Helmbarte,** 1480—1530, mit langer, 4kantiger Spitze, halbmondförmiger, gezackter, breiter Schneide, 11 mal gelocht, nebst grossem Haken, am Originalschafte.
Aus dem Münchener Zeughause. **Tafel 27.**

No. 418. **Deutsche Helmbarte,** 1480—1530, mit langer, 4kantiger Spitze, vorgeneigter, breiter Schneide, nebst durchbrochenem
 Andreaskreuze und grossem Haken, mit durchbrochener Eichel und Marke, am Originalschafte.
Aus Graz.

No. 419. **Deutsche Helmbarte,** 1480—1530, mit kurzer, 4kantiger Spitze, halbmondförmiger Schneide, und Haken nebst durchbrochener Eichel.
Aus Wien.

No. 420. **Deutsche Helmbarte,** 1480—1530, mit langer, 4kantiger Spitze, halbmondförmiger Schneide, 13 mal gelocht, und langem Haken nebst Marke, am Originalschafte.
 Aus Solothurn.

No. 421.   **Deutsche Helmbarte,** 1480—1530, mit 4kantiger enorm langer Spitze, halbmondförmiger, 13 mal gelochter Schneide und langem 4 mal gelochtem Haken nebst Marke. Am Originalschafte findet sich 4 mal eine Marke eingebrannt.
Aus der Schweiz. **Tafel 27.**

No. 422. **Deutsche Helmbarte,** 1480—1530, mit ziemlich langer vierkantiger Spitze, halbmondförmiger Schneide und langem Haken nebst Marke und 4 Punkten, am Originalschafte.
 Aus Graz. **Tafel 27.**

No. 423. **Deutsche Helmbarte,** 1480—1530, mit langer 4kantiger Spitze, halbmondförmiger Schneide, 12 mal gelocht und sehr langem 4 mal gelochtem Haken nebst Marken, am Originalschafte.
 Aus der Schweiz.

No. 424.  **Deutsche Helmbarte,** 1500—1550, mit langer 4kantiger Spitze, Ansatzknopf, gezackter und gelochter Schneide nebst Haken mit Marke. Am benagelten Originalschafte Messingrosetten.
Aus Schaffhausen. **Tafel 27.**

No. 425. **Deutsche Helmbarte,** 1520—1560, mit sehr langer 4kantiger Spitze, Ansatzknopf, halbmondförmiger gross durchbrochener Schneide und Haken.
Aus Solothurn. **Tafel 27.**

No. 426. **Helmbarte,** 1530—1580, mit langer 4kantiger Spitze, Ansatzstacheln, halbmondförmiger vielfach viereckig durchbrochener Schneide und Haken am Originalschafte.
Aus Landshut. **Tafel 27.**

No. 427. **Deutsche Helmbarte,** 1550—1600, mit breiter 2schneidiger Spitze nebst Rippe, vorgeneigter Schneide, 9 mit Messing
 gefüllten Löchern und gelochtem Haken, nebst Marke und grossen Messingrosetten, am Originalschafte.
Aus Marbach bei Schliersee. **Tafel 27.**

No. 428. **Deutsche Helmbarte,** 1550—1600, der vorigen ganz gleich, mit Marke und in dem Originalschafte ebenfalls mit ein-
 gebrannten Marken.
Aus dem Besitze der Herren von Hafner zu Marbach bei Schliersee.

No. 429.  **Helmbarte,** 1520—1570, mit 4kantiger Spitze, halbmondförmiger 12 mal gelochter Schneide und langem, 4 mal gelochtem Haken nebst Marke.
Aus der Schweiz.

No. 430. **Deutsche Helmbarte,** 1500—1540. mit 4 kantiger Spitze, vorgeneigter Schneide und gesichtsförmigem Haken.
Aus dem Münchner Zeughause.

No. 431.  **Deutsche Helmbarte,** 1570—1630. mit langer schwertähnlicher 18 mal gelochter Spitze, halbmondförmiger 11 mal gelochter Schneide nebst gelochtem Haken und Marke.
Aus Graz. **Tafel 27.**

No. 432. **Deutsche Helmbarte,** 1570—1640. mit blattförmiger 2 schneidiger Spitze, kleiner halbmondförmiger 13 mal gelochter Schneide und dreimal gelochtem Haken nebst Marke.
 Aus Wasserburg.

No. 433. **Deutsche Helmbarte,** 1590—1650. mit breiter blattförmiger Spitze und kleiner halbmondförmiger Schneide nebst Haken.
Aus Innsbruck.

No. 434.  **Geätzte deutsche Helmbarte,** 1550—1600. mit langer blattförmiger Spitze, kleiner halbmondförmiger Schneide und Haken nebst Marke. Die reiche Ätzung ist beiderseits in verschiedener ornamentaler Zeichnung.
Aus Salzburg. **Tafel 26.**

No. 435.  **Geätzte deutsche Helmbarte,** 1550—1600. mit blattförmiger Spitze, kleiner halbmondförmiger Schneide und Haken nebst Marke. Die Ätzungen zeigen einerseits den gekrönten Doppeladler nebst Kriegerkopf in Ornament, anderseits einen Trabanten und ebenfalls Kriegerkopf in Ornament. Mit Originalschaft.
Aus Graz. **Tafel 26.**

No. 436. **Geätzte Helmbarte,** 1589, mit langer zweischneidiger Spitze, grosser halbmondförmiger Schneide und stachelförmig gespitztem Haken nebst Messingrosetten. Die Ätzungen zeigen beiderseits oben die Jahreszahl 1589, Ornamente, Faune und das Wappen des Salzburger Erzbischofes Wolf Dietrich von Raitenau. Am Originalschafte.
Aus dem kgl. bayer. Arsenale zu München. **Tafel 19.**

No. 437. **Geätzte Helmbarte,** 1589, in allem der vorhergehenden gleich und hat der Originalschaft am unteren Ende noch eine Beinzwinge.
Aus dem kgl. bayer. Arsenale zu München.

No. 438. **Geätzte bayerische Helmbarte,** 1584, mit langer 4 kantiger Spitze nebst Ansatzknopf, breiter fast 4 eckiger Schneide und 3 fach gezacktem Haken. Die Ätzungen zeigen Ornamente und das bayerische Doppelwappen nebst der Inschrift »Ferdinand D. G. Co. Pal. Rhni. utriusqu. Bavariae dux 1584« einerseits, und andererseits in Lorbeerkranz, Herz, Schwert und Fackel nebst Umschrift »nec ferro nec igne territur«. Mit Originalschaft nebst ursprünglich blauer Originalquaste.
Aus dem kgl. bayer. Arsenale zu München. **Tafel 20.**

No. 439. **Deutsche Helmbarte,** 1600—1650 mit sehr langer 2 schneidiger Spitze, ganz durchbrochener Schneidseite, worin in Ornament der Namenszug V. M. und durchbrochenem Haken nebst Gravierungen und Messingrosetten. Am Originalschafte.
Aus München. **Tafel 27.**

No. 440. **Geätzte sächsische Helmbarte,** 1600—1650. mit 2 schneidiger Spitze, geschwungener Schneide und Haken. Die vergoldeten Aetzungen zeigen Ornamente und das sächsische Wappen. Am Originalschafte sind die gelblichen Originalquasten und unter den theils noch vergoldeten Nägeln der schwarze Wollstoff, womit der Schaft bezogen war.
Aus Ausburg. **Tafel 27.**

No. 441. **Gravirte Helmbarte,** 1707, mit flacher, 2 schneidiger Spitze, halbmondförmiger, durchbrochener Schneide, und Haken. Die Gravirung zeigt einerseits einen Engel mit Kelch und der Inschrift »si deus pro nobis quis contra nos«, anderseits eine Trophäe und »verbum Domini manet in eternum«, nebst der Jahreszahl 1707. Am Ende des Originalschaftes eine 8 kantige Spitze.
Aus München. **Tafel 27.**

XVI. Spetums.

No. 442. **Spetum** (Saufeder, 1450—1500. mit sehr langer, schwertartiger Spitze und 2 symmetrisch geschwungenen Parirstangen nebst Marken und knorrigem Originalschafte.
 Aus der Schweiz. **Tafel 26.**

No. 443.  **Spetum** (Saufeder). 1480—1520. mit schwertklingenartiger Spitze und 2 symmetrisch geschwungenen Parirstangen nebst Marke und knorrigem Originalschaft.
Aus Solothurn.

No. 444. **Spetum,** italienisch. 1540—1570, mit 4 kantiger Spitze und aufwärts geschwungenen breiten Parirstangen, welche in Stacheln endigen, nebst eingeschlagenen Ornamenten.
Aus Venedig. **Tafel 26.**

No. 445.  **Spetum,** 1500—1550, mit flacher, sehr breiter und sehr langer, schwertklingenartiger Spitze, nebst Marke und 4 kleinen, abwärts gebogenen, einschneidigen Ohren, welche mittelst Scharnierband um die 10kantige Tille befestigt sind. An benageltem Originalschaft.
Aus dem Zeughause zu Burghausen. **Tafel 26.**

XVII. Runkas.

No. 446. Runka, 1540—1570, mit schwertklingenartiger Spitze und halbmondförmigen, aufwärtsstehenden Ohren nebst gravirten Ornamenten.
Aus Venedig. **Tafel 26.**

No. 447. Runka, 1550—1600, in Form einer Sturmgabel mit 4kantiger, langer Spitze und 4kantigen, halbmondförmig aufwärts stehenden Ohren.
Aus Graz. **Tafel 26.**

XVIII. Hakenspiess.

No. 448. Italienischer Hakenspiess, 1500—1550, mit 2schneidiger Spitze und einem abwärts gebogenen, unten schneidigem Haken.
Aus Bozen.

XIX. Partisanen.

No. 449. Partisane, 1500—1550, mit kurzer, 2schneidiger Spitze und recktwinkelig abstehenden Ohren.
Aus Landshut. **Tafel 26.**

No. 450. Partisane, 1510—1560, mit breiter, sehr langer Rippenklinge und kurzen, etwas aufwärts stehenden Ohren mit Marke, an dicht benageltem Originalschafte.
 Aus Solothurn. **Tafel 26.**

No. 451. Gravirte bayerische Partisane, 1550—1600, mit kurzer, breiter Klinge und breiten, etwas aufwärts stehenden Ohren. Darauf leichte Gravirungen von Ornamenten nebst Inschrift »constantes fortui ajuvat« und ». . . er arma silent leges« einerseits, und »si deus pro nobis quis contra nos« und »nec temere nec timide« anderseits.
Aus dem kgl. bayer. Arsenale zu München. **Tafel 27.**

No. 452. Französische Partisane, 1590—1640, mit 2schneidiger Rippenspitze, worauf »G. Gounod« gestempelt ist, halbmondförmiger Schneide nebst durchbrochener Lilie und doppeltem Haken mit durchbrochenem »L«. In der Mitte ist beiderseits ein hoch in Eisen geschnittener Kopf mit Sonnenstrahlen. Am Originalschafte mit Messingnägeln.
C GOVNdD
Aus der Schweiz. **Tafel 27.**

No. 453. Partisane, 1660—1710, mit grosser, 2schneidiger Rippenklinge, breiten, gezackten Ohren nebst aufgenietetem Messingschildchen, worauf ein Minerva-Kopf gravirt und anderseits die Zahl 1400 eingestempelt ist.
1400 Aus Wien. **Tafel 27.**

No. 454. Partisane, 1690—1730, mit breiter, 2schneidiger Klinge und halbmondförmig aufwärts stehenden Ohren, am Originalschafte, mit Wollfransen.
Aus München.

No. 455. Partisane, 1680, mit schön geflammter Klinge, kurzen Ohren und 3 Ansatzstacheln. Auf beiden Seiten ist die Jahreszahl »1680 J. A.« und rohe Engelsköpfe gravirt.
Aus Graz. **Tafel 27.**

XX. Spontons.

No. 456. Sponton, 1630—1680, 2schneidig und zugespitzt, mit kleinen Ohren und beiderseits gravirtem Kriegerkopfe, mit punktirtem, theils noch vergoldetem Ornamente, am Originalschafte, mit Messingnägeln.
Aus dem Münchner Zeughause. **Tafel 27.**

No. 457. Sponton, 1640—1700, 2schneidig und zugespitzt, mit gezackten Ohren.
Aus München. **Tafel 27.**

No. 458. Sponton, 1640—1700, mit 2schneidiger, zugespitzter Klinge, nebst Riemen und halbmondförmig aufwärts stehenden Ohren nebst Spuren ehemaliger Vergoldung.
Aus Wien.

No. 459. Sponton, 1660—1710, mit ziemlich langer, 4kantiger Spitze und 2 breiten, durchbrochenen Haken nebt Ansatzstacheln, alles blau angelaufen, gravirt und vergoldet, am Originalschafte, nebst Quaste.
Aus Würzburg. **Tafel 27.**

No. 460. **Sponton,** 1680—1720. mit geflammter Klinge und doppelten. auf und abwärts stehenden Ohren, einerseits ein Trabant mit Fahne, anderseits ein Wappen mit Churfürstenhut, gätzt und vergoldet, am Originalschafte.
. Aus Würzburg.

No. 461. **Sponton,** 1690—1740, mit 2schneidiger Spitze, halbmondförmiger Schneide und breitem Haken, gätzt und theilweise vergoldet, am Originalschaft, nebst Quaste.
Aus Würzburg.

XXI. Luntenstock.

No. 462. **Luntenstock,** 1600—1650. mit kleiner, 2schneidiger Klinge nebst Ohren, einem Sponton gleich, und doppelten, gespaltenen Drachenköpfen, mit Schrauben für die Lunten.
Aus Hohenaschau. **Tafel 27.**

No. 463. **Gewehrgabel,** 1610—1650, mit einfacher Gabel, Originalschaft und 4kantiger Spitze am unteren Ende.
Aus Hohenaschau.

XXII. Spiesse.

No. 464. **Lanzenspitze,** aus Bronze, 5. Jahrhundert, mit starker Rippe und edel geformter Schneide.
Fundort unbekannt. **Tafel 27.**

No. 465. **Lanzenspitze** (Frameaeisen). 9. Jahrhundert, schlank und schmal, $32^1/_2$ cm lang.
Gefunden im Bodensee.

No. 466. **Lanzenspitze** (Frameaeisen), 9. Jahrhundert, mit kürzerer Spitze und längerer Tülle als die vorige, 30 cm lang.
Gefunden im Bodensee.

No. 467. **Lanzenspitze** (Frameaeisen), mit kurzer Tülle und defekter Spitze, 25 cm lang.
Gefunden im Bodensee.

No. 468. **Lanzenspitze,** 11. Jahrhundert, mit langer, flacher, 2schneidiger Klinge und kurzer, 8eckiger Tülle, 43 cm lang.
Gefunden auf Frauenchiemsee. **Tafel 27.**

No. 469. **Lanzenspitze** (Reissspiesseisen), 1460—1500, mit 4kantiger Spitze, welche unterhalb 8eckig und dann rund geformt ist, und in eine 10eckige Tülle endigt, 35 cm lang.
Gefunden bei Landshut. **Tafel 27.**

No. 470. **Wurfspiessspitze** (Schefflin). 1470—1520, aus Messing. mit spitz zulaufender Tülle, woran 2 kurze, flache Schneidflächen sich befinden, 17 cm lang.
Aus Innsbruck. **Tafel 27.**

No. 471. **Lanzknechtspiess,** 1500—1540, mit kurzer, lanzettförmiger Spitze, nebst Marke und 5 m langem Originalschafte, nebst eingeschnittener Marke.

Aus dem Schlosse des Georg von Frundsberg in Mindelheim.

No. 472.  **Lanzknechtspiess,** 1500—1540, in allem dem vorhergehenden gleich, mit ähnlicher Marke und aus gleichem Besitze.

No. 473. **Lanzknechtspiess,** 1500—1540. mit kurzer, lanzettförmiger Spitze und $^2/_3$ abgeschnittenem Originalschafte.
Aus der Schweiz.

No. 474. **Lanzknechtspiess,** 1500—1540, mit sehr kurzer, lanzettförmiger Spitze und $^2/_3$ abgeschnittenem Originalschafte.
Aus der Schweiz.

No. 475. **Lanzknechtspiess,** 1540—1590. mit 2schneidiger Rippenklinge, langen Federn, und am unteren Schaftende mit einer Spitze an langen Schaftfedern versehen.
Aus dem Münchner Zeughause.

No. 476. **Lanzknechtspiess,** 1580—1630, mit langer, 2schneidiger Rippenspitze. Tülle ohne Federn und abgeschnittenem, 3mal durchlöchertem Originalschafte.
Aus dem Zeughause zu Graz.

No. 477. **Lanzknechtspiess,** 1580—1630, mit langer, 2schneidiger Rippenspitze.
Aus dem Zeughause zu Graz.

No. 478. **Lanzknechtspiess,** 1580—1630, mit breiter Rippenspitze und kurzen Schaftfedern.
Aus dem Zeughause zu Graz.

No. 479. **Pike** des österreichischen Fussvolkes. 17. Jahrhundert, mit langer, 3kantiger Spitze, nebst Marke an abgeschnittenem Originalschafte.

Aus dem Zeughause zu Graz.

No. 480. Fahnenstange, 17. Jahrhundert, mit 4 kantiger Spitze, einer langen und einer kurzen Schaftfeder, Messingnägeln, und Schrauben an abgeschnittenem Originalschafte.
Aus dem Zeughause zu Graz

No. 481. Pike, und Springstock des österreichischen Fussvolkes im 17. Jahrhundert, mit pfriemenartiger 4 kantiger Spitze, langen Federn und abgeschnittenem Originalschafte.
Aus dem Grazer Zeughause.

No. 482. Pike, und Springstock vom 17ten Jahrhundert, dem vorigen sehr ähnlich.
Aus dem Grazer Zeughause.

No. 483. Pike, des 17. Jahrhunderts mit 2 schneidiger Spitze und abgebrochenen Federn.
Aus dem Grazer Zeughause.

No. 484. Pike, des 17. Jahrhunderts wie vorige mit 2 schneidiger Spitze und einer sehr langen Feder.
Aus dem Grazer Zeughause.

No. 485. Scharfschützenlanze, 1787. in Oesterreich eingeführt mit breiter 2 schneidiger Spitze und 3 abstehenden 4 kantigen Oesen für den Musketenhaken an abgeschnittenem Originalschafte.
Aus dem Grazer Zeughause.

No. 486. Spiess, 1610—1660, mit 4 kantiger Spitze nebst 2 entgegengesezt stehenden Stacheln, an 2½ m langem Originalschafte und 4 kantiger Spitze am Schaftende.
Aus dem Zeughause zu Burghausen.

No. 487. Spiess, 1810—1830, mit kurzer 4 kantiger Spitze und 3 Lederschlingen am langen Originalschafte. Der Reisebegleiter König Ludwig's I. von Bayern im Oriente.
Aus München.

No. 488: Ahlspiess, (Panzerbrecher) 1460—1520, mit langer 4 kantiger Spitze und runder Stichplatte. Am Ansatze ist 5 mal die gleiche Marke und am abgeschnittenen Originalschafte ein Andreaskreuz eingeschnitten und F. 18 eingebrannt.
Aus dem Zeughause zu Wien. **Tafel 26.**

No. 489. Ahlspiess, (Panzerbrecher) 1600—1650, in Form eines eisernen Stockes mit Schlangenköpfen als Handhabe und zugleich als Parirstangen. Durch Schleuderbewegung entfährt dem Stocke die lange 4 kantige Klinge und wird durch einen Federzapfen feststehend.
Aus Schaffhausen. **Tafel 27.**

No. 490. Schweinspiess, 1510—1550, mit breiter 2 schneidiger Rippenspitze und runder weiter Tülle.
Gefunden in der Nähe von Starnberg.

No. 491. Geätzter Schweinsspiess, 1587, mit breiter zweischneidiger Spitze, worauf einerseits in der Art eines Jost Amman ein Jäger zu Pferd mit Hund, und andererseits ein Bischofswappen von Bamberg mit der Jahreszahl 1587 in reichem Ornamente geätzt ist. Der Originalschaft ist theilweise schuppenartig geschnitten.
Aus Würzburg. **Tafel 20.**

XXIII. Lanzen.

No. 492. Kriegslanze, (Reissspiess) 1520—1570, mit 2 schneidiger Spitze und weiss und roth gewunden bemalter, canelirter Stange nebst einem eisernen Ringe unter dem Handgriffe.
Aus Hohenaschau. **Tafel 30.**

No. 493. Kriegslanze, (Reissspiess) 1490—1540, schwarz auf roth bemalt ohne Spitze mit canelirtem Schafte und beschlagenem Lederringe unter dem Handgriffe.
Aus Hohenaschau.

No. 494. Kriegslanze, (Reissspiess) 1520—1570, roth bemalt, ohne Spitze mit canelirtem Schafte.
Aus München.

No. 495. Turnierlanze, 1530—1580, mit 3 gespitztem Krönlein, grosser Brechscheibe mit Messingnieten und bemalter Stange nebst beschlagenen Lederringen am Handgriffe.
Aus Wien. **Tafel 30.**

No. 496. Ringelstechlanze, 1570—1630, mit lanzettförmiger Spitze nebst Marke und grün und gold gewunden bemalter Stange. Ueber dem Handgriffe sind aufstehend 3 Brettchen von geflammter Form der Länge nach aufgesetzt. Unter dem Handgriffe ein walzenartiges Ende als Gegengewicht rautenförmig mit gleicher Farbe bemalt.
Aus dem Rathhause zu Nürnberg. **Tafel 30.**

c) Schusswaffen.

I. Bögen.

No. 497. **Deutscher Bogen,** 1440—1490. aus Thiersehnen und Holz mit schmalen Lederstreifen 6 mal bewickelt und aussen mit Birkenrinde überzogen.
Aus Hohenaschau. **Tafel 28.**

No. 498. **Deutscher Bogen,** 1440—1490. aus Thiersehnen und Holz mit Birkenrinde überzogen.
Aus Wasserburg.

II. Armschützer.

No. 499. **Elfenbeinerner linker Armschützer,** 1470—1530. als Schutz gegen den Sehnenanprall mit doppelten Schnürlöchern auf beiden Seiten.
Aus der Schweiz. **Tafel 28.**

III. Bogentasche.

No. 500. **Deutsche Bogentasche,** aus Leder, 1470—1530. mit aufgepressten Kreisen und Lederschnüren zum Befestigen am Gurt. Dabei der Ledergürtel für Tasche und Köcher mit blau ausgelaufenem Hakenverschluss.
Aus Hohenaschau. **Tafel 28.**

IV. Pfeilköcher.

No. 501. **Deutscher Pfeilköcher,** 1470—1530. aus Leder von flacher Form und doppeltem Riemzeuge zum Befestigen am Gurt. Unten Schlitz und Lederband für den zunächst abzuschiessenden Pfeil. Im Köcher 6 Stück 3 und 4 fach gefiederte lange Pfeile mit Eisenspitzen.
Aus Hohenaschau. **Tafel 28.**

No. 502. **Deutscher Pfeilköcher,** 1470—1530. aus Leder von etwas einfacherer Form als der vorige und oben schräg abgeschnitten. Darin 6 vierfach gefiederte lange Pfeile mit Eisenspitzen.
Aus Solothurn.

No. 503. **Pfeilköcher,** 1440—1490. mit ausgeschnittenem oben breiter werdendem Mundstücke, das mit weiss beinernen Leisten und vierpassartig durchbrochenen Plättchen und Bleinägeln verziert ist. Der untere Theil der Nase sowie das darunter befindliche halbmondförmige Lederstück, sind mit rothgefärbtem Saffian-Leder bezogen und dicht mit viereckigen Bleinägeln verziert. Unter diesem abzuklappendem Lederstücke ist ein ledernes Zugbeutelchen verborgen. Der untere Theil des Köchers ist mit Schweinshaut bezogen und die Innenseiten mit rothem Tuch theilweise noch gefüttert.
Aus Hohenaschau. **Tafel 28.**

No. 504. **Pfeilköcher,** 1450—1500. von länglich schlanker Form nach unten sehr breit ohne Boden mit borstiger Schweinshaut bezogen. Der Deckel und das ausgeschnittene Mundstück sind von schwarzem Leder und die Innenseiten mit röthlichem Papiere beklebt.
Aus Hohenaschau. **Tafel 28.**

V. Armrüste.

No. 505. **Gothische Armrust,** 1440—1500. mit sehr langer, schlanker, mit Elfenbein und Horn aufgelegter Säule, dem aus Thiersehnen, mit Birkenrinde und bemaltem Papiere bezogenem Bogen, dem steigbügelartigen Ringe oben, und der beinernen Nuss. Drückerbügel und Sehne fehlen.
Aus Hohenaschau. **Tafel 28.**

No. 506. **Gothische Armrust,** 1460—1520, mit langer, schlanker, mit Elfenbein und Horn aufgelegter Säule, dem aus Thiersehnen, mit Birkenrinde und bemaltem Papiere bezogenem Bogen und dem grossen Ringe oben. Sehne, Nuss, Drückerbügel und einige Einlagen fehlen.
Aus der Schweiz. **Tafel 28.**

No. 507. **Gothische Armrust,** 1460—1520, mit langer, schlanker, mit Elfenbein und Horn eingelegter Säule, steigbügelartigem Ringe oben, dem aus Thiersehnen, mit Birkenrinde und bemaltem Papiere bezogenem Bogen nebst Sehne und Abzugsvorrichtung, bestehend aus Nuss und Drückerbügel.
Aus Wasserburg. **Tafel 28.**

No. 508.  **Gothische Armrust,** 1470—1520, mit eleganter, ganz in Elfenbein und Horn aufgelegter Säule, Stahlbogen nebst Marke und Sehne und der vollständigen Abzugsvorrichtung, bestehend aus Nuss und Drückerbügel.
Aus Neuburg a. Donau. **Tafel 28.**

No. 509.  **Armrust,** 1530—1580, mit Elfenbein aufgelegter, theils gravirter Säule nebst kleinem Wangenstücke, Stahlbogen mit Marke und Sehne, hölzerner Nuss und Abzugsvorrichtung nebst Züngeldrücker, der durch den steifen Bügel geschützt ist.
Aus Nürnberg.

No. 510.  **Grosse genuesische Standarmrust,** 1570—1610, mit sehr langer, rückwärts stark ausgebauchter Säule nebst Messingstiefel und Messingeinlagen, grossem Stahlbogen mit Marke und vollkommener Abzugsvorrichtung, bestehend aus Nuss und sehr grossem, seitwärts gebogenem Drückerbügel.
Aus Augsburg.

No. 511.  **Scheibenarmrust,** 1550—1600, mit Elfenbein aufgelegter Säule nebst Wangenausbiegung, durch rothe Wollkugeln geschmücktem Stahlbogen nebst Marke und Sehne und vollkommener Abzugsvorrichtung, bestehend aus Nuss, Hebelmechanismus und umlegbarem Züngeldrücker, der durch den steifen Bügel geschützt ist. Die dazu gehörige Winde No. 517.
Aus München. **Tafel 28.**

VI. Schnepper.

No. 512. **Kleiner Schnepper,** 1550—1600, mit Elfenbein eingelegter Säule, nebst Wangenstück, zierlichem, durch rothe Wollkugeln geschmücktem Stahlbogen und vollkommener Abzugsvorrichtung, bestehend aus Schnapphahn und Drückerbügel nebst verstellbarem Absehen.
Aus Nürnberg. **Tafel 28.**

VII. Winden.

No. 513. **Gothische Flaschenzugwinde,** 1440—1500, bestehend aus zwei durch Schnüre verbundenen Theilen und zwar einerseits dem Schafthause mit durchbrochenem, gothischen Maasswerke, dem Seitenräderwerk und der Walze, woran die entgegengesetzt gestellten Triebstangen sind, und anderseits den zwei Rädern nebst Sehnenhaken, zwischen welchen   Marken eingeschlagen sind.
Aus der Schweiz. **Tafel 28.**

No. 514.  **Gothische Armrustwinde,** 1460—1510, mit schmaler Zahnstange nebst weitgreifenden Sehnenhaken und fein durchbrochenem, gothischen Maasswerke auf dem Radgehäuse nebst in Messing eingeschlagener Marke.
Aus Innsbruck. **Tafel 28.**

No. 515.  **Armrustwinde,** 1490—1540, mit stehendem Radgehäuse nebst eingeschlagener Messingmarke, aufrechtstehender Zahnstange und kurzer Triebstange.
Aus der Schweiz.

No. 516. **Geätzte Armrustwinde,** 1530—1560, mit offenem Radgehäuse, das rückwärts den Mechanismus sichtbar lässt, genuteter Zahnstange nebst Gürtel- und Sehnenhaken, woran ein bewegliches, durchbrochenes Messingplättchen ist, nebst langer Triebstange und elfenbeineingelegtem Handgriffe. Die Ätzungen auf dem Rade bestehen aus Wolf, Hirsch, Hase, Hund und Laubwerk, auf theils noch vergoldetem Grunde. Zahn und Triebstange sind mit Ornamenten geätzt.
Aus Neuburg a. Donau. **Tafel 28.**

No. 517.  **Armrustwinde,** 1550—1600, zur Armrust Nr. 511 gehörig, mit Trieb- und Zahnstange, Gürtel und Sehnenhaken. Unter den Sehnenhaken ist eine Marke.
Aus München.

VIII. Gaissfuss.

No. 518. **Gaissfuss,** 1580—1630, aus Holz mit beweglichem Eisenhaken am unteren Ende und langem Hebel.
Aus Nürnberg.

IX. Kugelschnepper.

No. 519.  **Eiserner Stein- oder Kugelschnepper,** 1620—1660, mit hölzernem Wangenstücke nebst Elfenbeinplättchen, Stahlbogen und doppelter Sehne nebst Kugelbeutel und vollkommener Spann- und Abzugsvorrichtung nebst Marke.
Aus Nürnberg.

No. 520. **Eiserner Stein- oder Kugelschnepper,** 1620—1660, mit hölzernem Wangenstücke nebst gravirtem Elfenbeinplättchen, Stahlbogen, doppelter Sehne und vollkommener Spann- und Abzugsvorrichtung nebst Marke.

Aus München.

X. Pfeile.

No. 521. **12 Stück Pfeile,** 1450—1500, aus Eichenholz mit schräg gesetzten Holzfedern und 4 kantigen Eisenspitzen. Gefunden in einem verschüttetem Gewölbe in Bamberg.

No. 522. **12 Stück Pfeile,** 1450—1500, aus Eichenholz mit schräg gesetzten Holzfedern und 4 kantigen Eisenspitzen. Gefunden in einem verschütteten Gewölbe zu Bamberg.

No. 523. **13 Stück Pfeile,** 1450—1500, aus Eichenholz mit schräg gesetzten Holzfedern, worunter 5 Stück ohne Eisenspitzen, der eine mit Marke, und ausserdem einer mit 3 kantiger Spitze nebst Marke aus dem 14. Jahrhundert.

Gefunden wie oben in Bamberg.

No. 524. **3 Stück Scheibenpfeile,** 1540—1590, aus Eichenholz mit stumpfen Eisenspitzen in Messinghülsen nebst Korn und aufgeleimten Federposen.
Aus Regensburg.

No. 525. **2 grosse Pfeilspitzen,** 1480—1520, schwer und 4 kantig, nebst Befestigungslöchern an den Tüllen. Für eine Wallarmrust.
Aus dem Münchner Zeughause.

No. 526. **Pfeilspitze,** 13. Jahrhundert, lang, schlank und 2 schneidig.
Gefunden auf Frauenchiemsee.

No. 527. **Pfeilspitze,** 1400—1450, mit 4 kantiger Spitze, die in's Achteck übergeht, nebst Dorn zum Aufstecken.
Fundort unbekannt.

No. 528. **4 Stück flache Pfeilspitzen,** 1500—1550, für Brandpfeile, der eine mit bärtiger Spitze, nebst Dorn zum Aufstecken.
Aus Innsbruck.

No. 529. **Kronbolzenspitze,** 1500—1550, nieder, mit ursprünglich 11 weit ausgreifenden Spitzen, wovon 3 fehlen.
Aus Hohenaschau.

No. 530. **Kronbolzenspitze,** 1500—1550, mit ursprünglich 12 Zacken, wovon 5 fehlen.
Aus Hohenaschau.

No. 531. **Kronbolzenspitze,** 1480—1520, von hoher Form und 6 ziemlich gerade stehenden Zacken.
Aus Hohenaschau.

No. 532. **Pfeilartiges Instrument,** vielleicht Harpune zum Fischfang, aus gekrümmten Knochen mit herzförmiger Eisenspitze und spitz zulaufendem, 2 mal gelochtem Ende.
Ursprung unbekannt.

XI. Armrusttheile.

No. 533. **Armrustbügel,** 1460—1520, der zugleich Drücker ist, von sehr langer, schlanker Form.
Aus Hohenaschau.

No. 534. **Armrustnuss,** 1550—1600, einer Stahlbogenarmrust mit Sehnen-, Pfeil- und Abzugslager.
Aus Hohenaschau.

XII. Pfeilkasten.

No. 535. **Pfeilkasten,** 1500—1550, mit verschiedenem Holze eingelegt, verschliessbar und auf Kugelfüssen.
Aus München.

No. 536. **Pfeilkasten,** 1544, länglich schmal, oben und unten zu öffnen, mit grossen Nietnägeln. Auf dem einen Deckel ein eingelegtes Wappen und innen auf beiden Böden die Jahreszahl 1544. Innen mit Abtheilungen. An den beiden Schmalseiten sind Riemenösen.
Aus Regensburg.

XIII. Luntenbüchsen.

No. 537.

Grosse Hakenbüchse, 1460—1510, mit weitem Kaliber, oben rundem, unten 8eckigem Laufe, grossem, gezahntem Haken rückwärts, nebst Korn. Das Visier fehlt. Das Lunten-Schnapphahnschloss mit seitlichem Drücker und die Zündpfanne mit seitlich drehbarer Klappe. Der sehr lange, gerade Naturholz-Schaft ist unter dem Schlosse durchlocht für die Hebezapfen und am unteren Ende weit genutet. Über dem Zündloche Marken. Aus Hohenaschau.

No. 538. **Grosse Hakenbüchse,** 1460—1510, mit weitem Kaliber, oben rundem, unten 8eckigem Laufe. Visier und Korn, nebst Marke und grossem, gezahntem Haken rückwärts. Das Lunten-Schnapphahnschloss mit seitlichem Drücker und Einstellvorrichtung. Die Zündpfanne fehlt. Der schwarze, gerade Schaft hat unter dem Schlosse einen Hebezapfen, aber keinen Schwanz.

Aus dem Zeughause zu Solothurn.

No. 539. **Handbüchse,** 1480—1530, mit kleinem Kaliber, rundem Laufe, Korn und Visir, nebst Marke, drehbarem Zündpfanndeckel, sehr einfachem Schwamm, Schnapphahnschlosse, nebst seitlich unsichtbarem Drücker. Der schwarze, fast gerade Schaft mit Ladstock, Kugelbehälter, und beweglichem Ringe am Schwanze.

Aus dem Zeughause zu Solothurn. **Tafel 29.**

No. 540. **Muskete,** 1490—1550, mit grossem Kaliber, rundem Laufe, fehlendem Korn, eingeschlagener Marke und Zahl, einfachem Luntenschlosse mit Bügeldrücker, beim Abzug zugleich den Pfanndeckel öffnend. Auf der Schlossplatte eine Marke. Der schwarze Schaft mit Ladestock hat einen stark gebogenen Kolben.

79

Aus der Schweiz. **Tafel 29.**

XIV. Radbüchsen.

No. 541.  **Radschlossbüchse,** 1530—1570, mit grossem Kaliber, oben rundem, unten 8eckigem Laufe, nebst Marken und Korn. Visir fehlt. Das Radschloss mit selbsthätigem Pfanndeckelschluss und Züngelsperre. Der mit gravirtem Elfenbein eingelegte schwarze Schaft ohne Ladestock und mit breitem, flachem Kolben.

Aus Jettenbach. **Tafel 29.**

No. 542. **Kleine Radbüchse,** 1601, mit grossem Kaliber, oben rundem, unten 8eckigem Laufe, nebst Messingkorn, Visir und Marken. Das Radschloss mit selbsthätigem Pfannenschluss, Züngelsperre, messinggravirter Raddecke und Marke. Der schwarze Holzschaft mit Ladestock und ziemlich geradem Kolben ist mit Elfenbein eingelegt, worauf Delphine, Fische und Ornamente, und rückwärts am Ladstockbehälter die Jahreszahl 1601 gravirt sind. Der Kugelbehälter, worin der Laufputzer, ist mit einem Elfenbeinschieber bedeckt, in dem eine Ente eingravirt ist.

Aus dem Besitze des Malers Romberg in München. **Tafel 29.**

No. 543. **Radschlossflinte** (Tschinke), 1550, mit sehr kleinem Kaliber, gezogenem, 8eckigem Laufe, nebst Messingkorn und blau angelaufenem Visire, und punktirten, theils vergoldeten Ornamenten. Das gravirte Radschloss mit sichtbarem Mechanismus, Züngelsperre und selbsthätigem Pfannenschluss. Der braune Holzschaft, mit Ladestock und abgesetztem Kolben, ist sehr reich mit Elfenbein und Perlmutter eingelegt, worauf Thiere und Ornamente gravirt sind. Auf dem Schieber des Kugelbehälters eine Jägerin, einen Hirsch erlegend, ein Mann und eine Stadt, und auf der Elfenbeinplatte am Schaftende die Jahreszahl 1550 eingravirt. Vielleicht die älteste bezeichnete Tschinke.

Aus München. **Tafel 29.**

No 544. **Radschlossflinte,** 1580—1630, mit grossem Kaliber, 8eckigem, gezogenem Laufe, Messingkorn, verziertem Visiere, nebst Marke und silbertauschirtem Hunde, einen Hasen verfolgend. Die Gravirungen des Radschlosses stellen Eustachius mit dem Hirschen und 2 Männer, auf dem Rade 2 Bären und Trophäen, auf der Hahnaxe Amor mit Vogel, und auf dem Hahne Diana mit Hund, Papagei ,und Falken, dar. Rückwärts eine gravirte Messingplatte, eine Hirschjagd darstellend. Der Bügel über dem Nadelabzug, sowie die untere Kolbenplatte, sind mit reich gravirten und vergoldeten Ornamenten versehen. Der braune Holzschaft mit Ladstock, theilweise geschnitten, ist mit feinen Beinarabesken ausgelegt und an dem ziemlich geraden Kolben sammt Kugelbehälter sind gravirte Perlmutterplättchen, der Augsburger Pyr und ein gekröntes Wappen mit Bogenschütz.

Aus Marbach bei Schliersee, von der Familie von Hafner. **Tafel 29.**

XV. Pistolen.

No. 545. **Faustrohr,** 1530—1570, mit grossem Kaliber, 8eckigem, geätztem Laufe, reich geätzter Radschlossplatte und Raddecke. Der braune Holzschaft mit Ladstock ist reich mit gravirtem Elfenbein eingelegt, Delphine, Laubwerk und Köpfe darstellend. Auf der Afterkugel ein Medaillon mit behelmtem Kopfe und der Umschrift »Otho«.

Aus Neuburg a. D. **Tafel 19.**

No. 546. **Faustrohr,** 1540—1570, mit grossem Kaliber, 8eckigem, oben rundem Laufe, nebst Marke und »M. G.«, einfachem Radschlosse und Drückersperre. Der schwärzlich braune Schaft ist mit gravirten Elfenbeinplättchen theilweise eingelegt, und auf der Afterkugel ein behelmter Kopf.

Aus Nürnberg. **Tafel 29.**

M C

No. 547. **Faustrohr,** 1540—1580, mit weitem Kaliber, 8ekigem, gravirtem Laufe, nebst Korn und Marke, gravirtem Radschlossse, einen springenden Wolf darstellend, und braunem Holzschafte sammt Ladstock und elfenbeingravirten Leisten nebst vergoldeter Messingmontirung am Kolbenende, einen Löwenkopf und Trophäen nebst Jagdfries darstellend.

Aus dem kais. kgl. Arsenale zu Wien. **Tafel 19.**

No. 548. **Faustrohr,** 1550—1570, zur Tschinke No. 543 gehörig, von gleicher Arbeit wie die Büchse, mit grossem Kaliber, oben runden, unten 8eckigem, gravirtem Laufe, gravirtem Radschlosse, 2 Hasen und Papagei darstellend, und braunem Holzschafte nebst Ladstock, sehr reich mit Elfenbein und Perlmutter eingelegt. Die Einlagen stellen verschiedene Vögel, Hunde und Hasen dar.
Aus München. **Tafel 29.**

No. 549. **Faustrohr,** 1550—1590, mit grossem Kaliber, 8eckigem Laufe, einfachem Radschlosse, nebst Marke und braunem Holzschafte sammt Ladestock.

Aus dem Zeughause zu Solothurn.

No. 550.   **Faustrohr,** 1550—1590, mit grossem Kaliber, 8eckigem Laufe, nebst Marke, einfachem Radschlosse sammt Marke, braunem, etwas defektem Holzschafte und Ladestock.
Aus dem Zeughause zu Solothurn.

No. 551. **Feuersteinpistole,** 1650—1700, mit grossem Kaliber, Korn, geschnittenem und theils vergoldetem Laufe, einen römischen Krieger und Trophäen darstellend, nebst dem in Gold eingelegten Namen des Verfertigers: »Limmer in Cronach«. Das Schnapphahnschloss, der Bügel, sowie der Kolbenbeschlag sind ebenfalls in Eisen geschnitten, mit Trophäen und Ornamenten auf vergoldetem Grunde. Der braune Holzschaft ist mit fein geschnittenen Ornamenten und einem Engelskopfe geziert.
Aus fürstbischöflichem Besitze zu Würzburg. **Tafel 29.**

No. 552. **Feuersteinpistole,** 1650—1700, das Gegenstück zur vorigen von ganz gleicher Arbeit, Erhaltung und Herkunft. **Tafel 29.**

XVI. Karabiner.

No. 553. **Karabiner,** 1690—1740, mit trichterförmig endendem Laufe, theilweise geschnitten, sowie auch das Feuersteinschloss und der Bügel. Der Schaft mit bemalter Beineinlage, Blumen, Käfer, Schnecken und Schmetterlinge darstellend. Der Ladestock ist aus Eisen.
Aus einem Augsburger Patrizierhause. **Tafel 29.**

No. 554. **Kurzer Karabiner,** 1690—1740, mit trichterförmig endendem Laufe, am Schwanze silbertauschirt, nebst Marken und »London«. Das Schnapphahnschloss ist silbertauschirt und der Bügel von Messing. Der geschnittene Schaft mit Ladstock ist mit Zinn- und Messing eingelegt.

Aus einem Augsburger Patrizierhause.

No. 555. **Kurzer Karabiner,** 1690—1740, mit trichterförmig endendem Laufe, goldtauschirt und gleichem Feuersteinschlosse, worauf doppelt »London«, nebst Bein und Messing eingelegtem Schafte und Ladstock.
Aus einem Augsburger Patrizierhause. **Tafel 29.**

No. 556. **Kurzer Karabiner,** 1690—1740, mit trichterförmig endendem silbertauschirtem Laufe nebst Marke, gravirtem Feuersteinschlosse und ganz mit silbereingelegtem Schafte nebst Ladstock.

Aus einem Augsburger Patrizierhause. **Tafel 29.**

XVII. Gewehrbestandtheile.

No. 557. **Gewehrlauf,** 1550—1600, unten 8eckig, oben rund mit seitlichem Zündloche, Gravirungen am Schwanzstücke nebst einer Marke.

Gefunden beim Abbruche des ehemaligen Regierungsgebäudes in München.

No. 558. **Faustrohrlauf,** 1550—1600, mit sehr grossem Kaliber, oben rund und unten kurz, 8eckig.
Gefunden beim Abbruche des ehemaligen Regierungsgebäudes in München.

No. 559. **Schnapphahnschloss,** 1640—1680, für Schwefelkies, theils geschnitten und ohne Steinschraube.
Aus dem Münchner Zeughause.

XVIII. Granate.

No. 560. **Handgranate,** 1670—1720. Ein grosser hohler Eisenblechball aus 2 Theilen mit aufgenieteten kleinen Halbkugeln, 11 an der Zahl, ursprünglich 14.
Aus dem Zeughause zu Solothurn.

XIX. Kanonenmodell.

No. 561.  **Kanonenmodell,** 1620, mit reich ciselirtem Laufe nebst Marke, Schildzapfen, Delphinen und einem Wappen und der Inschrift »Johann Antoni Lihoa. 1620«. Die Lafette mit grossen beschlagenen Rädern, von guter genauer Arbeit.
Aus dem Zeughause zu Nürnberg. **Tafel 29.**

XX. Moderne Schiesswaffen.

Nr. 562. **Karabiner,** 1800—1840, der bayer. Bürgermiliz mit Feuersteinschloss nebst Marke, Korn, Visier und einfachen Schafte sammt Ladstock.
Aus München.

Nr. 563. **Französische Kavalleriepistole** aus dem Feldzuge 1870/71 mit eingeschlagenen Buchstaben und Zahlen nebst grossem Kapselschlosse und Kolbenring.
Beutestück.

No. 564. **Remington-Gewehr** aus dem Feldzuge 1870/71 mit aufstellbarem Visiere, Bajonnethaken, Ladstock und Schnapphahn. Am Schlosse Fabrikmarken.
Beutestück.

No. 565. **Chassepôt-Gewehr** aus dem Feldzuge 1870/71 mit aufstellbarem Visiere, Bajonnethaken, Ladstock, Fabrikmarken und Schnapphahn.
Beutestück.

XXI. Patronengürtel.

No 566. **Patronengürtel,** 1580—1630, mit 6 lederbezogenen Patronenhülsen aus Holz, mittelst Schnüren an breitem Ledergurt befestigt.
Aus einem Schweizer Zeughause.

No. 567. **Patronengürtel,** 1580—1630, mit 10 lederbezogenen Patronenhülsen aus Holz mittelst Schnüren an breitem Ledergurt befestigt.
Aus dem Nürnberger Zeughause.

No. 568. **Patronenköcher,** 1550-1600, aus schwarzem Holze mit gravirten Elfenbeinleisten eingelegt und blauer Stahlmontirung mit Sprungfeder für 5 Patronen eingerichtet.
Aus dem kais. kgl. Arsenale zu Wien. **Tafel 29.**

No. 569. **Patronenköcher,** 1550—1600, mit gepresstem Leder bezogen, in schwarzem Eisenbleche montirt nebst Sprungfeder; für 5 Patronen eingerichtet.
Aus Graz. **Tafel 29.**

No. 570. **Patronenköcher,** 1550—1600, aus Eisen mittelst Vexir am Boden zu öffnen; jedoch ohne Einrichtung.
Aus dem Solothurner Zeughause.

XXII. Pulverflaschen.

No. 571. **Kleine Pulverflasche,** 1540—1580, aus gravirtem Hirschhorn, einen Mann mit Mantel und Hut darstellend, nebst Gürtelhaken.
Aus Marbach bei Schliersee, von Hafner. **Tafel 29.**

No. 572. **Grosse dreieckige Pulverflasche,** 1550—1600, mit Pulversperre, Lederbezug und durchbrochenem Beschlag aus Eisen nebst Gürtelhaken.
Aus Nürnberg.

No. 573. **Grosse Pulverflasche,** 1550—1600, dreieckig mit Pulversperre, dreifachem Patronenbehälter nebst Gürtelhaken.
Aus Graz.

No. 574. **Dreieckige Zündkrautflasche,** 1550—1600.
Aus Nürnberg.

No. 575. **Dreieckige Zündkrautflasche,** 1550—1600.
Aus der Schweiz.

No. 576. **Runde Pulverflasche,** 1550—1600, von schwarzem Holze mit Kugelbeutel.
Aus Graz. **Tafel 29.**

No. 577. **Runde Pulverflasche,** 1570-1630, mit Elfenbeinrosette in der Mitte und Bemalung auf der Rückseite nebst Schnur und Quasten.
Aus der Schweiz.

No. 578. **Halbkugelförmige Pulverflasche,** 1550—1600, aus schwarzem punktirtem Holze mit Elfenbein-Medaillon in der Mitte, einen weiblichen Kopf darstellend.
Aus Innsbruck.

No. 579. **Halbkugelförmige Pulverflasche,** 1550—1600, mit kleinen Elfenbeinplättchen eingelegt.
Aus der Schweiz. **Tafel 29.**

No. 580. Runde Zündkrautflasche, 1550—1600, in der Mitte durchbrochen und ganz mit gefärbtem Bein, Holz und Messing eingelegt.
Aus Venedig. **Tafel 29.**

No. 581. Runde Pulverflasche, 1580—1630, aus dunkelbraunem Holze guillochirt.
Aus Marbach bei Schliersee, von Hafner. **Tafel 29.**

No. 582. Grosse flache Pulverflasche, 1580—1630, aus roh gravirtem weissem Bein mit Pulversperre und Gürtelhaken.
Aus dem Nürnberger Zeughause.

No. 583. Grosse flache Pulverflasche, 1580—1630, aus Leder mit Pulversperre und Gürtelhaken.
Aus dem Solothurner Zeughause. **Tafel 29.**

No. 584. Italienische Pulverflasche, 1570—1620, aus gepresstem Leder, ein gekröntes Wappen mit Putten darstellend mit vergoldeten Leisten eingefasst. Ohne Obertheil.
Aus Salzburg. **Tafel 29.**

No. 585. Italienische Pulverflasche, 1560—1610, aus gepresstem Leder hoch ausgetrieben mit Pulversperre, jedoch ohne Ausgussrohr.
Aus dem Wiener Arsenale. **Tafel 29.**

No. 586. Lederne Pulverflasche, 1620—1670, aus 2 Stücken zusammengenäht mit eingeschraubtem Holzstöpsel.
Aus der Schweiz.

No. 587. Pulverflasche, 1620—1670, aus gekrümmtem Naturhorn mit Holzschraubenverschluss. Der daran befestigte Riemen war zugleich Patronengürtel.
Aus Wien.

No. 588. Kleine Pulverflasche, 1620—1660 aus gekrümmtem Naturhorn mit Hornschraubenverschluss.
Aus der Schweiz. **Tafel 29.**

XXIII. Flaschenhangsel.

No. 589. Flaschenhangsel, 1570—1620, mit Kugelbeutel, Gürtelöse und einem eisenbeschlagenem Schlitze für den Flaschenhaken, aus breitem weissen Leder.
Aus dem Nürnberger Zeughause. **Tafel 29.**

XXIV. Radschlüssel.

No. 590. Radschlossspanner, 1580—1630, für dreierlei Grössen nebst verstellbarem Pulvermaasse.
Aus Marbach bei Schliersee, von Hafner. **Tafel 29.**

No. 591. Radschlüssel, 1580—1630, für dreierlei Grössen nebst verstellbarem Pulvermaasse.
Aus dem Nürnberger Zeughause.

No. 592. Radschlüssel, 1580—1630, mit länglicher Zündkrautflasche nebst Füllöffnung und Schraubenzieher.
Aus dem Solothurner Zeughause. **Tafel 29.**

No. 593. Radschlüssel, 1590—1640, mit Zündkrautflasche nebst Kugelform, Zange und Schraubenzieher.
Aus der Schweiz. **Tafel 29.**

XXV. Karabinerhaken.

No. 594. Karabinerhaken, 1640—1690, mit kupfernen Rosetten.
Aus Marbach bei Schliersee, von Hafner.

No. 595. Karabinerhaken, 1650—1700, mit rundem durchbrochenem und gravirtem Gürtelhaken.
Aus der Schweiz.

d) Feldspiel.

I. Fahnen.

No. 596. Fahnenstangenspitze, 1550—1590, geätzt und vergoldet mit herzförmiger breiter Rippenspitze und kurzer Tülle nebst Schaftfeder. Einerseits ist in Rankwerk ein gallopirender Reiter mit Rautenfahne und anderseits das Pfalzbayerische Wappen mit beiden Helmen, Hörnern und Flügelkleinoden dargestellt.
Aus München. **Tafel 26.**

No. 597. Schwenkfahne, 1530—1570, sehr gross und ausserordentlich leicht mit kurzem blau Sammt bezogenem und kreuzweise mit gelben Seidenbändern beschlagenem Handgriffe. Die grosse defecte Fahne aus gelb und blauer Seide und die Ränder mit grossen Quadraten aus gleichen Farben eingefasst. In der Mitte ist das grosse Wappen des Grafen von Schrattenbach eingenäht und sind von den Wappenfiguren die Handschuhe und der Lorbeerkranz vollkommen erhalten, während die Figuren aus schwarzer Seide wie die Löwen und Balken ziemlich zerstört sind. Am obern Ende der Originalfahnenstange ist ein blaugelbes Fahnenband.
Aus Berchtesgaden. **Tafel 30.**

No. 598. **Bayerische Reiterstandarte,** 1660—1680, mit Messing vergoldeter Spitze, worauf einerseits St. Georg als Drachentödter mit der Umschrift »CAFFVVZAF« anderseits die Madonna auf dem Halbmonde mit der Umschrift »sub tuum praesidium confugimus«. Die weiss und blaue Standarte ist bemalt und einerseits mit Goldornament und einer Madonna geziert nebst der Inschrift »vivat Ferdinandus Maria« anderseits mit einem goldenen Kreuze und der Inschrift »in hoc signo vinces« versehen. Von der Spitze hängen an langen Schnüren 2 verblasste blaue Quasten herab. Die Originalstange ist canelirt und weiss und blau gestrichen nebst beweglichem Ringe an eiserner Schlaufe.
Aus München. **Tafel 30.**

No. 599. **Fahne,** 1600—1690, mit herzförmiger kleiner Eisenspitze, weiss und blau gewunden bemalter Originalstange und weiss und grauer Damastfahne, von weiss und rothen Franzen eingefasst. In der Mitte sind 2 sich kreuzende Schwerter aus rothem Atlass aufgenäht.
Aus Nürnberg. **Tafel 30.**

No. 600. **Venetianische Fahne,** 1660—1700, von blauer Seide mit aufgenähtem gelbseidenem Markuslöwen sammt Kreuz. Aus Venedig. Die Original-Fahnenstange ist bayerischer Herkunft und hat auf der vergoldeten breiten Messingspitze einen Doppeladler mit churbayerischem Herzschilde.
Aus dem kgl. bayer. Arsenale zu München. **Tafel 30.**

II. Trompeten.

No. 601. **Trompete,** 1640—1690, aus Messing mit gewundenen Einsätzen und Knopf, worauf Trophäen getrieben. Um das Schallloch sind Engelsköpfe und die Inschrift »Macht Philip Scholler in Munchen«. Dabei das Mundstück und schwarzgelb geflochtene Schnur.
Aus dem Münchner Zeughause. **Tafel 9.**

III. Posaunen.

No. 602. **Posaune,** 1686, aus Messing zum Ausziehen mit Mundstück und kleinem Schallloch, worauf »Macht Johann Karl Kodisch Nurnberg 1686« nebst dessen (?) Wappen gravirt ist.
Aus Wien. **Tafel 9.**

No. 603. **Posaune,** 1744, aus Messing mit Mundstück, gestreiftem Knopfe in der Mitte, und grossem Schallloche, worauf »Macht Gotlieb Crone in Leipzig 1744« eingeschlagen ist. Daran die rothe Posaunenfahne mit steigendem Löwen aus schwarzem Sammt und Goldbrokatecken.
Aus Bregenz. **Tafel 9.**

IV. Trommeln.

No. 604. **Trommel,** 1720—1750, bayerisch, weiss und blau geflammt mit dem in 12 Theile getheiltem Wappen nebst Churhut von Fahnen und Trophäen umgeben, auf einer Fahne die Buchstaben »C. A« (Carl Albrecht?). Dabei die beiden Trommelschlegel aus schwarz gebeiztem Holze mit Messingstiefeln.
Aus dem Zeughause zu Burghausen. **Tafel 9.**

No. 605. **Tyroler Schützentrommel,** 1765, grünweiss geflammt mit rothem Adler auf weissem Felde, einer weissschwarzen Scheibe als Herzschild nebst gekreuzten Radschlossbüchsen. Daneben die Jahreszahl 1765.
Aus Rosenheim. **Tafel 9.**

Moderne Ausrüstungsgegenstände.

No. 606. **Französischer Küras,** aus dem Feldzuge 1870—71, nebst Rücken und Helm.
Beutestück.

No. 607. **Französischer Lederhelm,** aus dem Feldzuge 1870—71, nebst blau-weiss-rother Kokarde.
Beutestück.

No. 608. **Lederhelm,** wie der vorige.

No. 609. **Französisches Käppi,** aus dem Feldzuge 1870—71, roth mit Goldstickerei.
Beutestück.

No. 610. **Französische Feldflasche,** aus dem Feldzuge 1870—71, mit Leder bezogen.
Beutestück.

No. 611. **Bayerischer Offizierskürass,** 1850—1876, Brust, Rücken, Helm nebst Kokarde.
Aus München.

No. 612. **Bayerischer Kürass,** 1850—1876, Brust und Rücken.
Aus München.

No. 613. **Bayerischer Kürass,** wie der vorige.

No. 614. **Bayerischer Jäger-Landwehr-Tschako,** 1840—1848, mit grünen Schnüren, versilbertem Schilde und Kokarde.
Aus München.

e) Ethnographisches.

I. Orientalische Waffen.

No. 615. **Arabischer Dolch,** mit Elfenbeingriff und Silbernieten in Tulaarbeit, nebst breiter, 36 cm langer Klinge, mit 2 Rinnen und Marken. Dabei die Lederscheide mit Silber-Ortband und Stiefel, worauf Fr. W. gravirt ist.

No. 616. **Malayscher Kriss,** mit holzgeschnitztem Griffe, einen Menschen darstellend, und geflammter, damascirter Klinge von 36 cm Länge.

No. 617. **Dolchmesser,** mit Holzgriff und Messing beschlagenem Hundekopf als Knauf, nebst 27 cm langer Klinge mit Goldtausia und Inschriften. Persisch.
Gefunden in der Isar bei Lenggries.

No. 618. **Türkisches Dolchmesser,** mit Beingriff, nebst Messingdraht und Granaten und 17 cm langer Klinge, worauf in Silbertausia eine Schrift nebst Marke ist. Dabei die Lederscheide mit Goldpressungen.
Aus Jerusalem.

No. 619. **Türkischer Bogen,** aus Holz und Fischbein, roth bemalt mit weissen Leisten und über dem Griffe ein Lederband.
Aus dem Besitze Pirkheimer's in Nürnberg.

No. 620. **Indianischer grosser Bogen,** aus schwarzem, hartem Holze, mit Pflanzenfasernsehne, in deren verlängertem Ende Federn eingeflochten sind.

No. 621. **Afrikanischer grosser Bogen,** mit Schlangenhaut bezogen, und dünner Sehne, in deren verlängertem Ende ein Knöchelchen eingeflochten ist.

No. 622. **Afrikanischer Pfeilköcher,** aus Leder, sehr lang und schmal, rohrförmig, mit Lederplatten am Boden.

No. 623. **6 Stück Pfeile,** mit Eisenspitzen, 3 davon mit Widerhaken, und 3 mit Zungenspitzen.

No. 624. **2 Stück Pfeile,** mit schraubenartigen Spitzen, aus schwarzem Holze.

No. 625. **3 Stück japanesische Pfeile,** 2 davon mit kurzen Beinspitzen, der andere mit Eisenspitze, am Sehnenschnitt bemalt.

No. 626. **6 Stück indianische Wurfpfeile,** mit Widerhaken aus Bein, der eine mit birnförmig gefiedertem Rohrschafte.

No. 627. **4 Stück lange Wurfspeere,** mit sehr langen, schwarzen Holzspitzen, 2 davon mit Widerhaken.

No. 628. **Wurfspeer,** mit sehr schön gearbeiteter, langer Zungenklinge und ägyptischem Rohrschafte, um dessen Ende ein Eisenband gewickelt ist.

No. 629. **Säbelartig gebogenes Holz,** mit eingelassenen, festgenähten Fischzähnen.

II. Gebrauchsgegenstände.

No. 630. **Kleine Umhängtasche,** aus Fell, mit farbigen Lederstreifen.

No. 631. **Sack,** aus gegerbter Thierhaut, nebst 2 Essschalen an Lederriemen.

No. 632. **Chinesisches Essbesteck,** bestehend aus 2 beinernen Stiften und Messer, in gelb und braun gefleckter Beinschneide.

No. 633. **Jongleurstöcke,** 4 Stück, aus geschwärztem Holze, an den Enden mit Blei gefüllt.

No. 634. **Palmfächer,** mit Schildpläuchen, und geschnittener Figur am Griffe.

No. 635. **Chinesischer Hut,** aus Strohgeflecht, mit schwarzer Sammteinfassung und Schleifen.

No. 636. **Rohrgeflechttäfelchen,** mit Figur, aus Papier.

No. 637. **Tafel,** mit Negerscene, aus Surinam.

No. 638. **Schlangenhaut,** Schlangenrückgrat und Blindschleichenrückgrat.

No. 639. **Griechische Wasserflasche,** aus Holz, von runder Form, mit gekreuzten Riemen.

No. 640. **Grosse lederne hindostanische Wasserflasche.**

No. 641. **Spazierstock,** aus Pfefferrohr.

No. 642. **Chinesische Holztype.**

No. 643. **Täfelchen** mit seidengestickter Chinesin, in Goldleistenrähmchen.
Diese Gegenstände stammen fast ausnahmslos von den im Jahre 1862 in München verstorbenen Orientmaler Rietschel.

Inhalts-Verzeichniss.

1
2
81

407
405
402
3
4

402 405
407

4

75

25

52

115

41

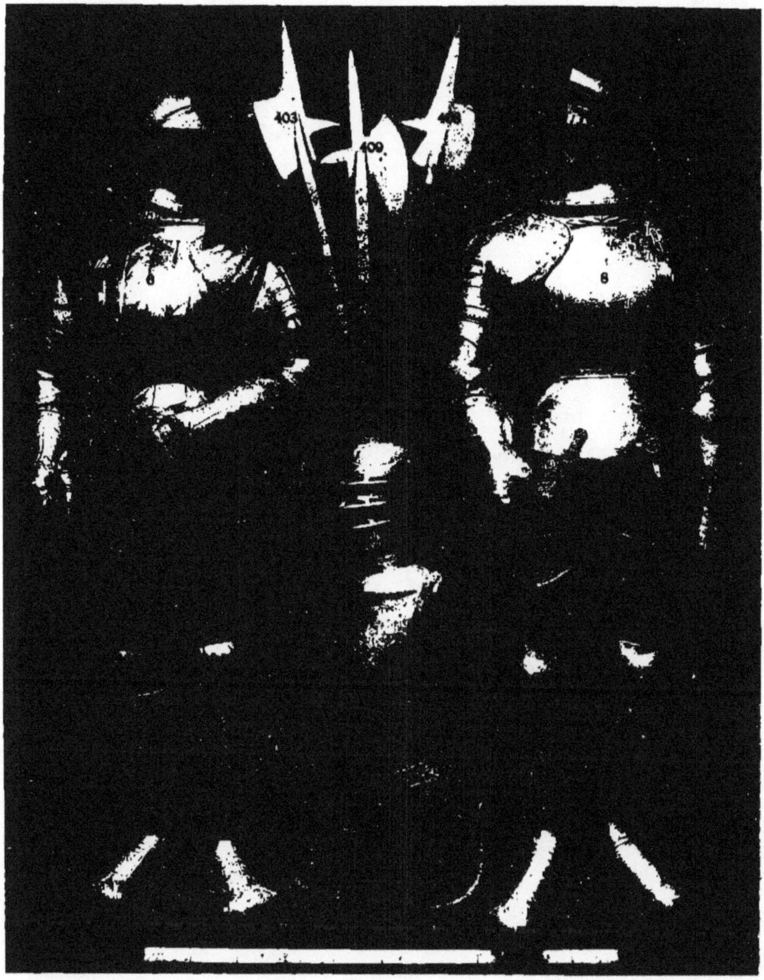
403
409

13.

10

SAMMLUNG KUPPELMAYR

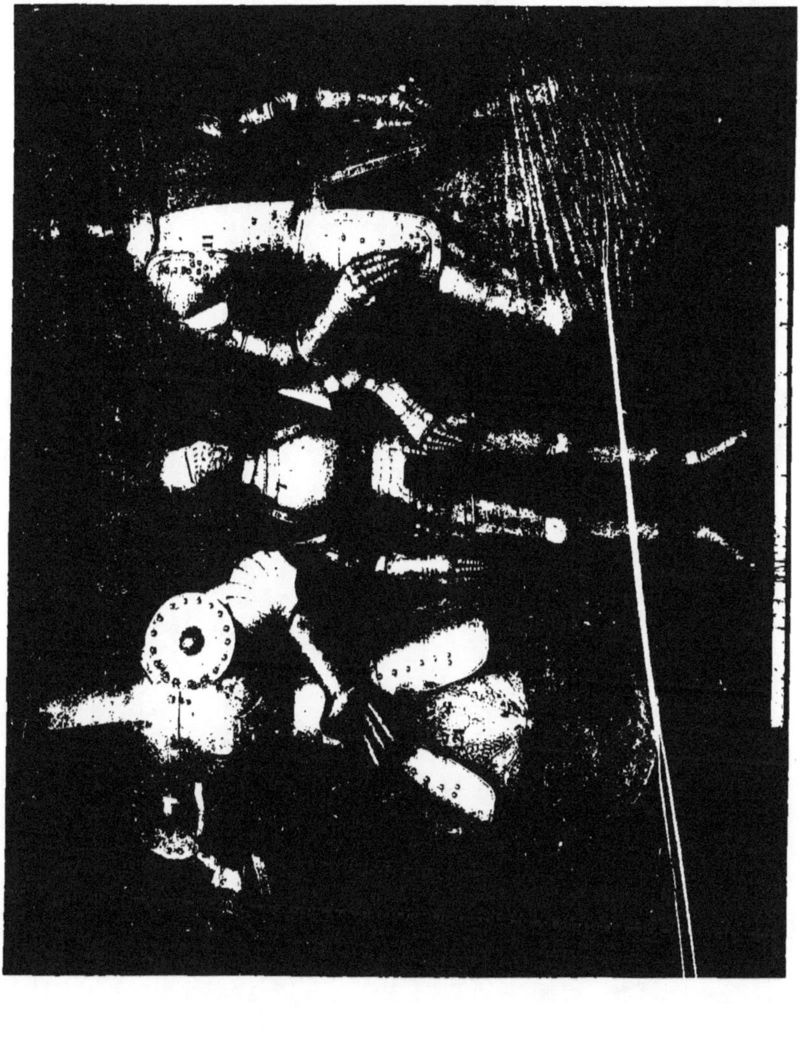

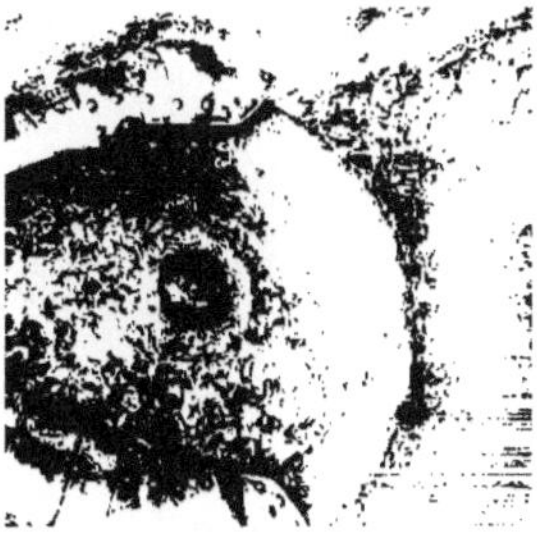

14
12

14
42
42
120

SAMMLUNG KUPPELMAYR.

SAMMLUNG KUPPELMAYR.

19

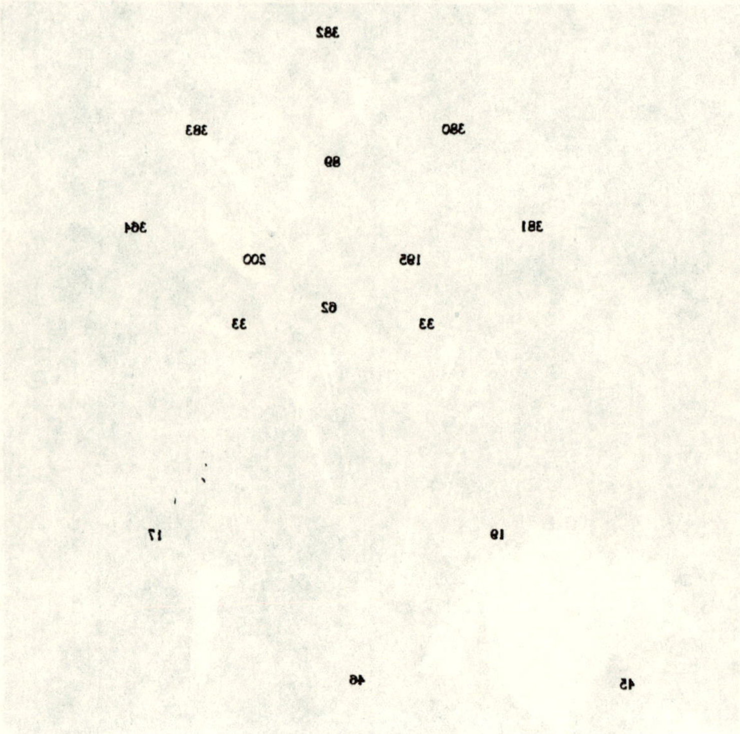

382
383
380
89
364
381
200
185
62
33
33
17
19
46
45

SAMMLUNG KUPPELMAYR.

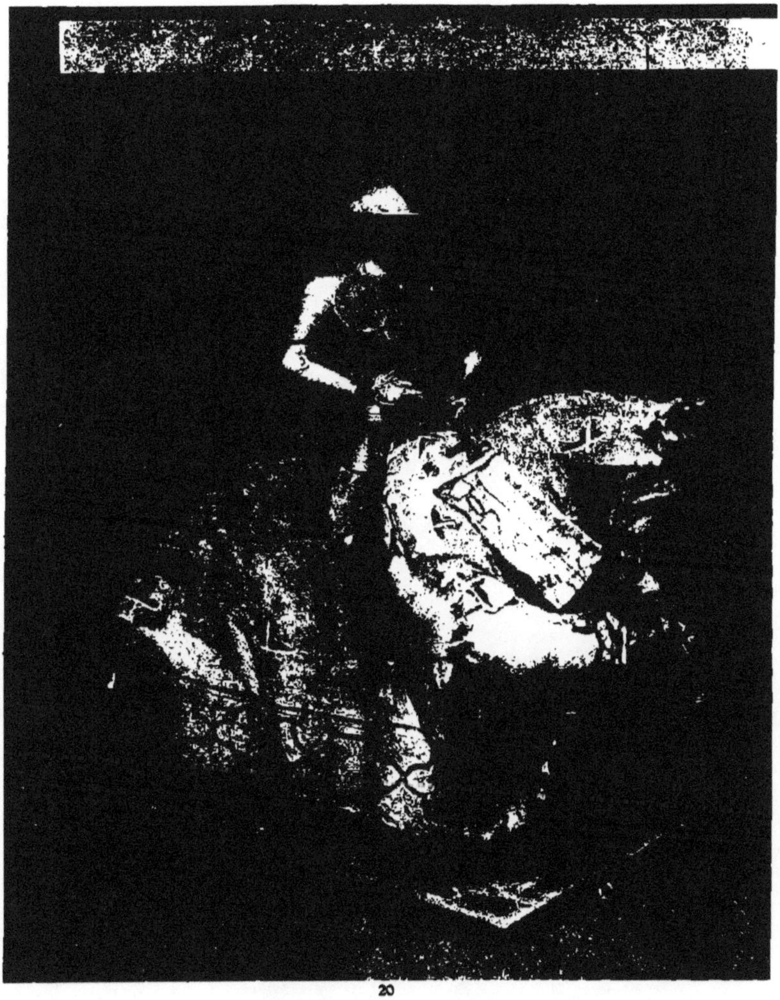

20

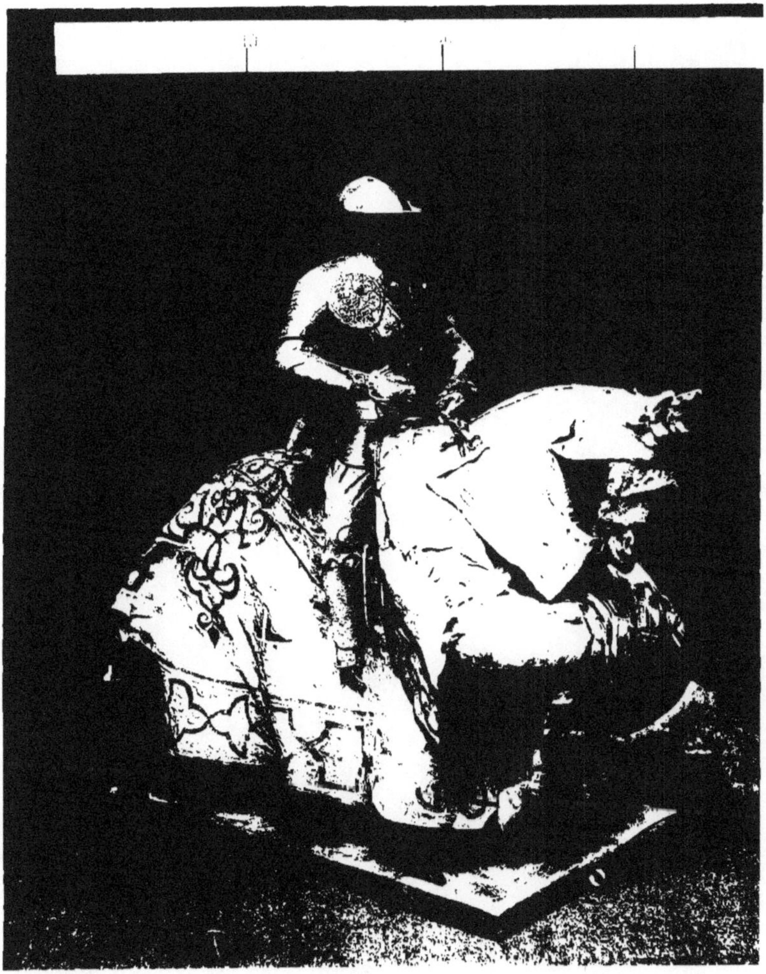

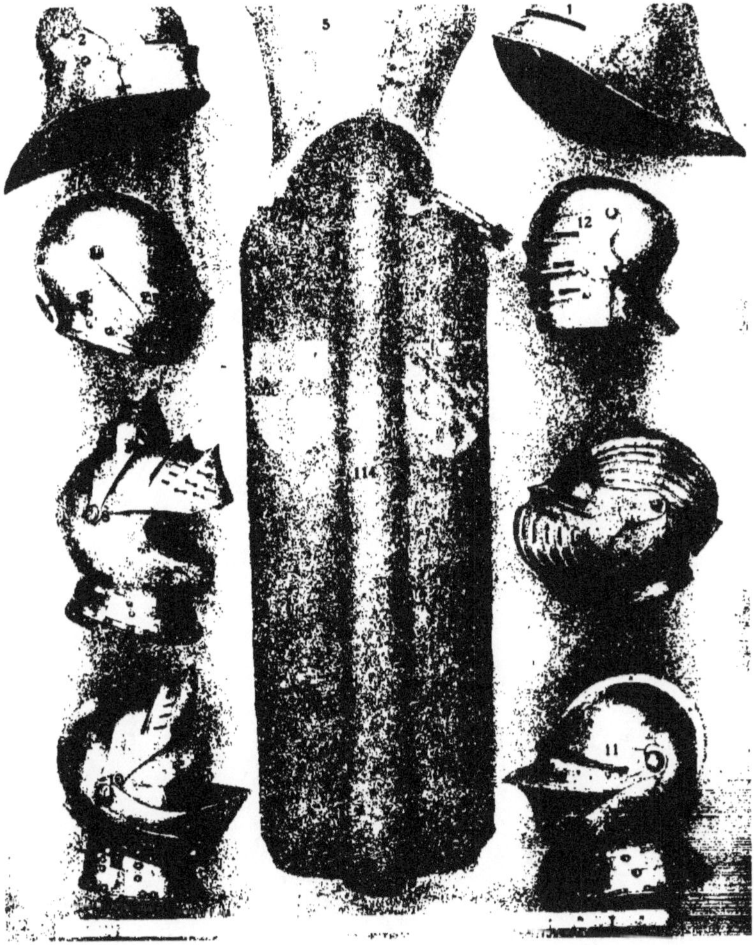

5
1
2
12
11

SAMMLUNG KUPPELMAYR.

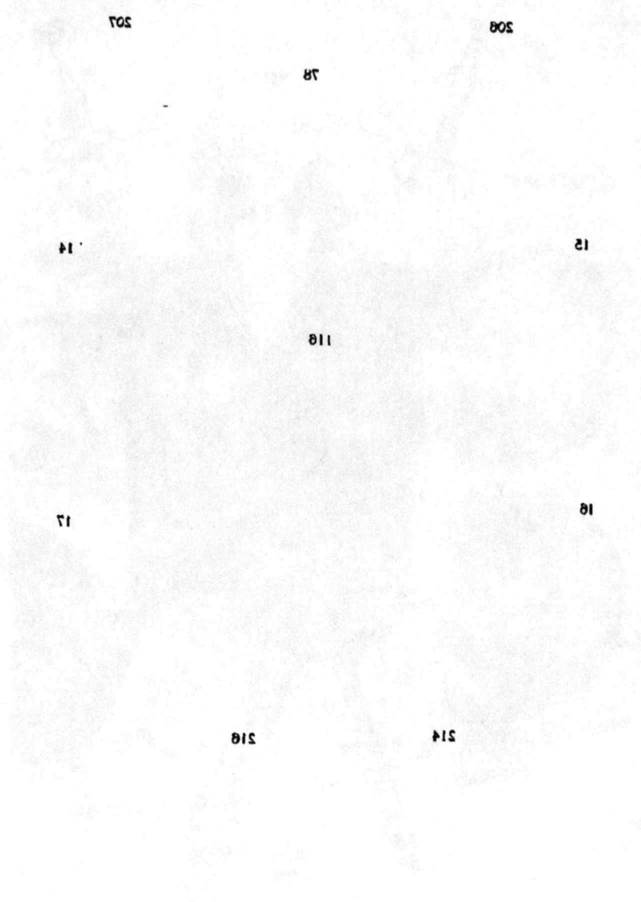

207
208
78
14
15
116
17
16
216
214

SAMMLUNG KUPPELMAYR.

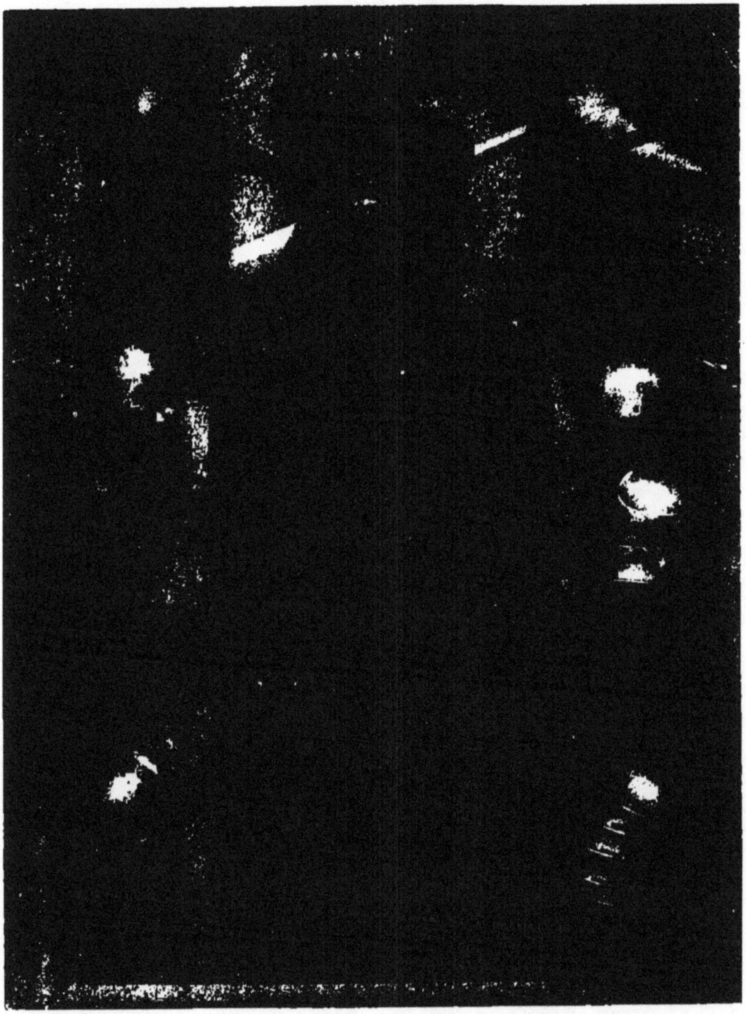

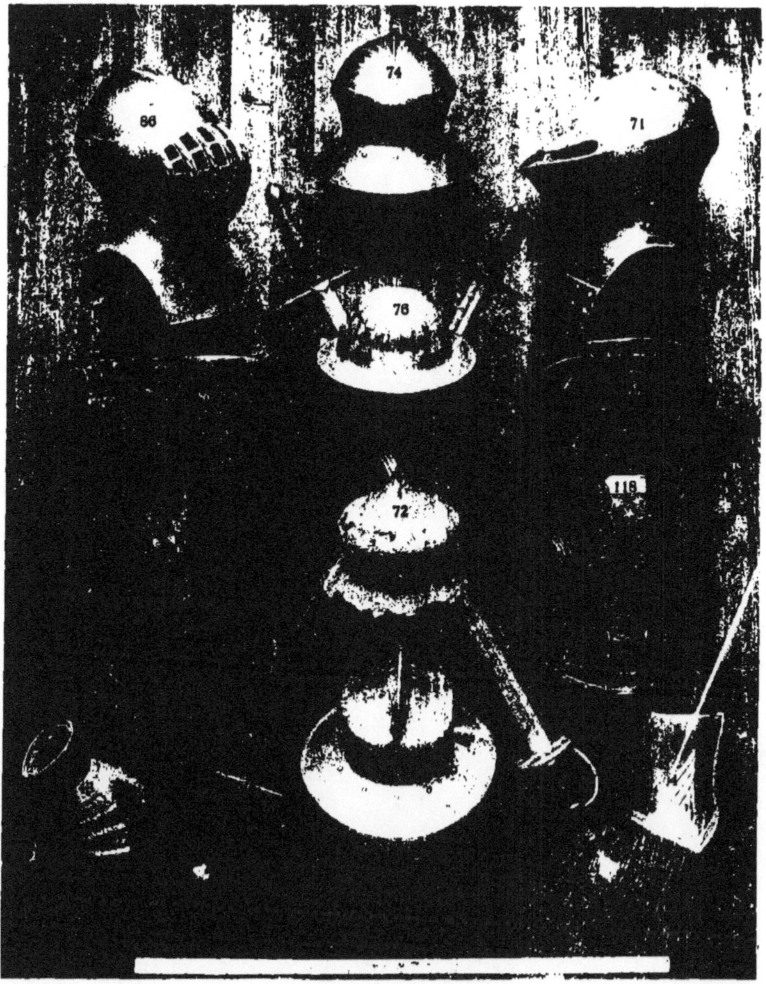
86
74
71
76
118
72

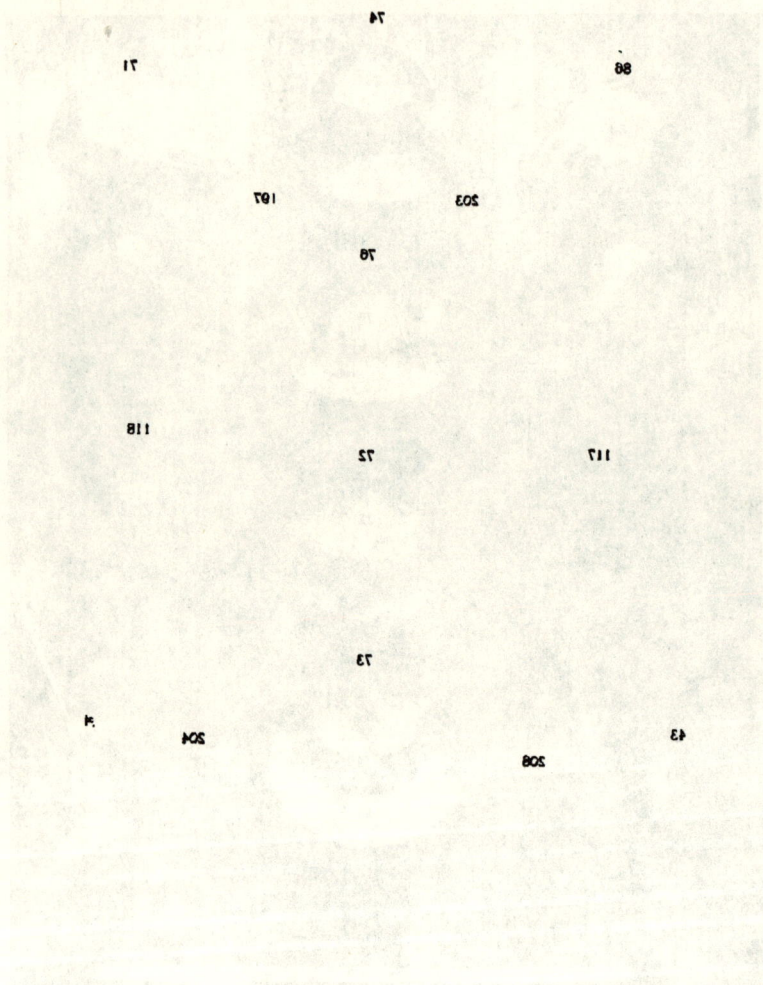

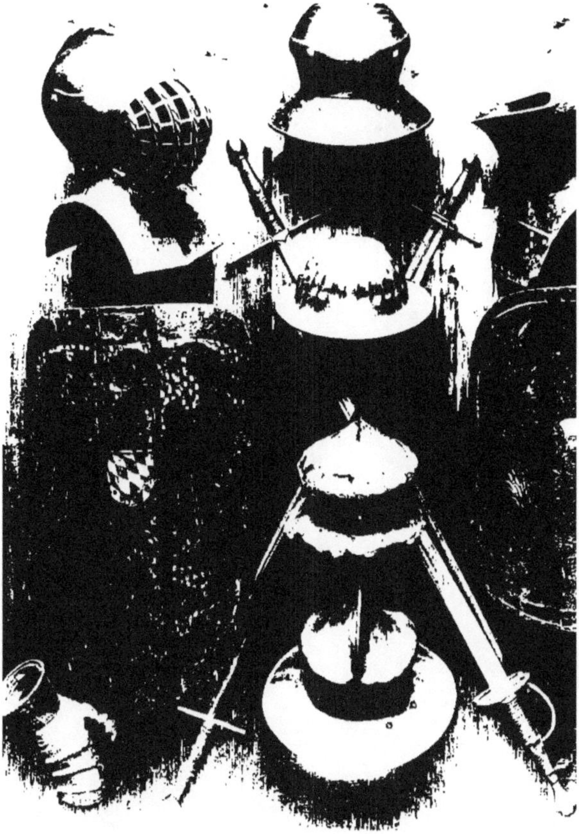

SAMMLUNG KUPPELMAYR.

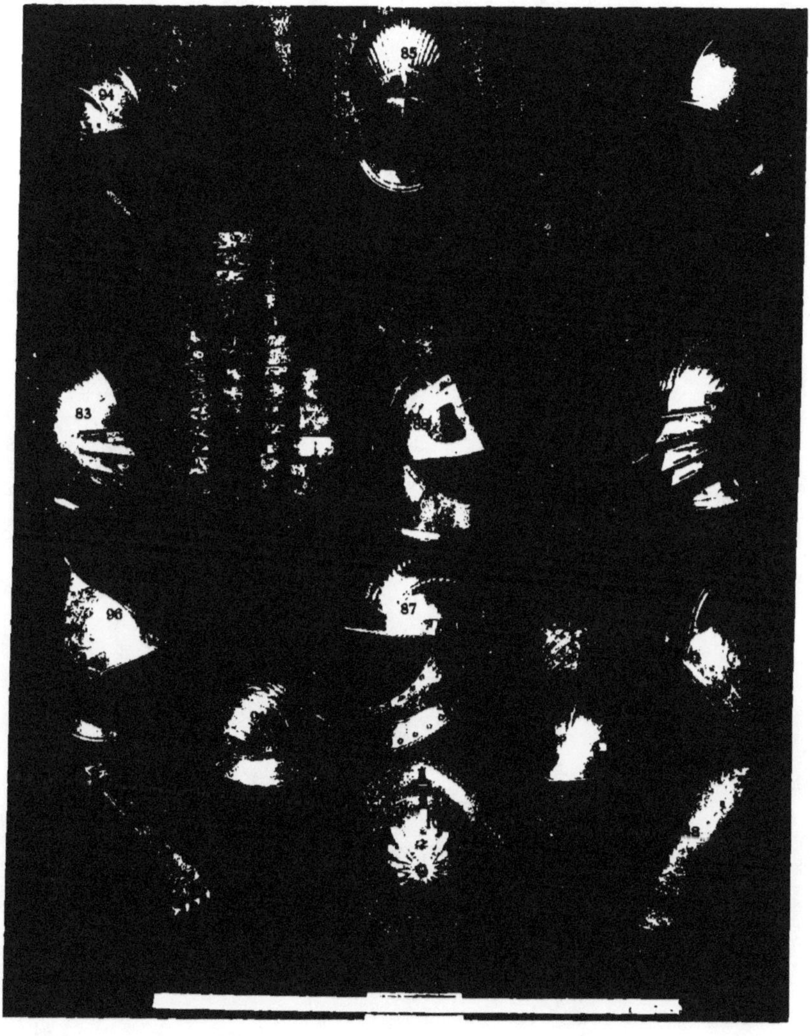

SAMMLUNG KUPPELMAYR.

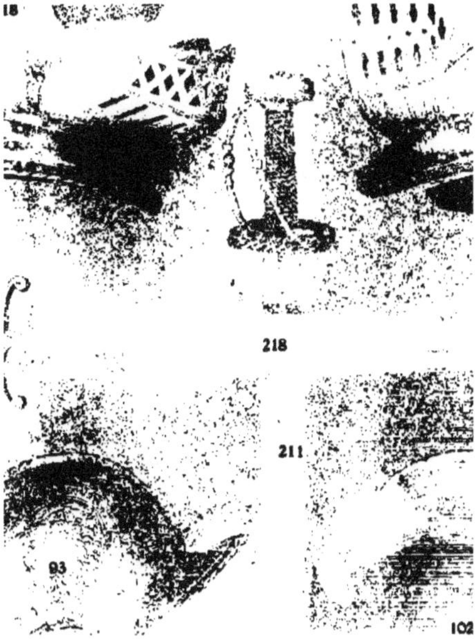
18
218
211
93
102

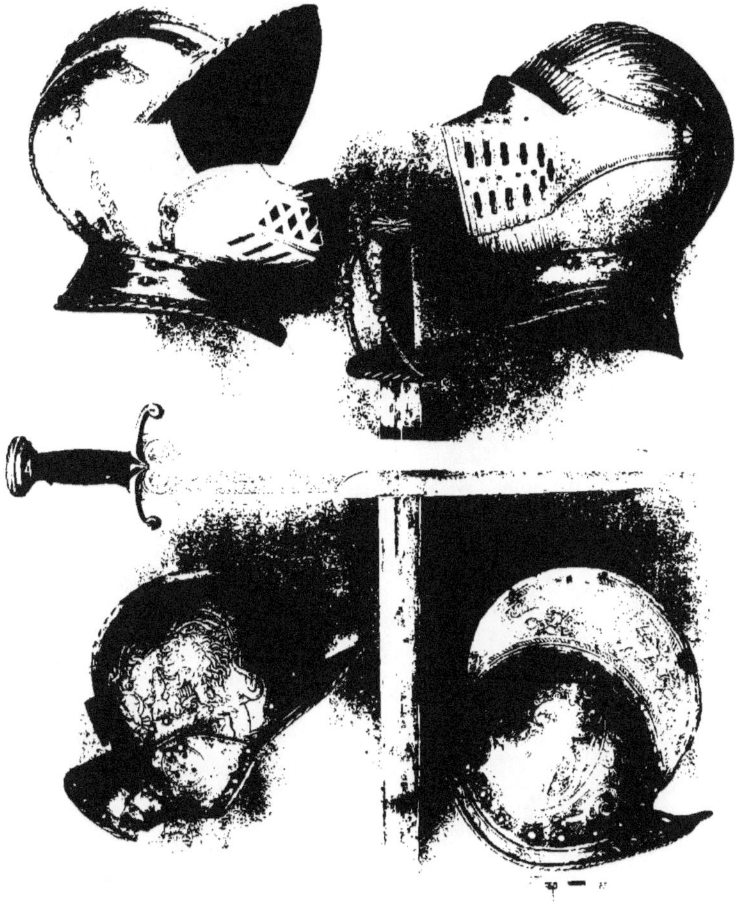

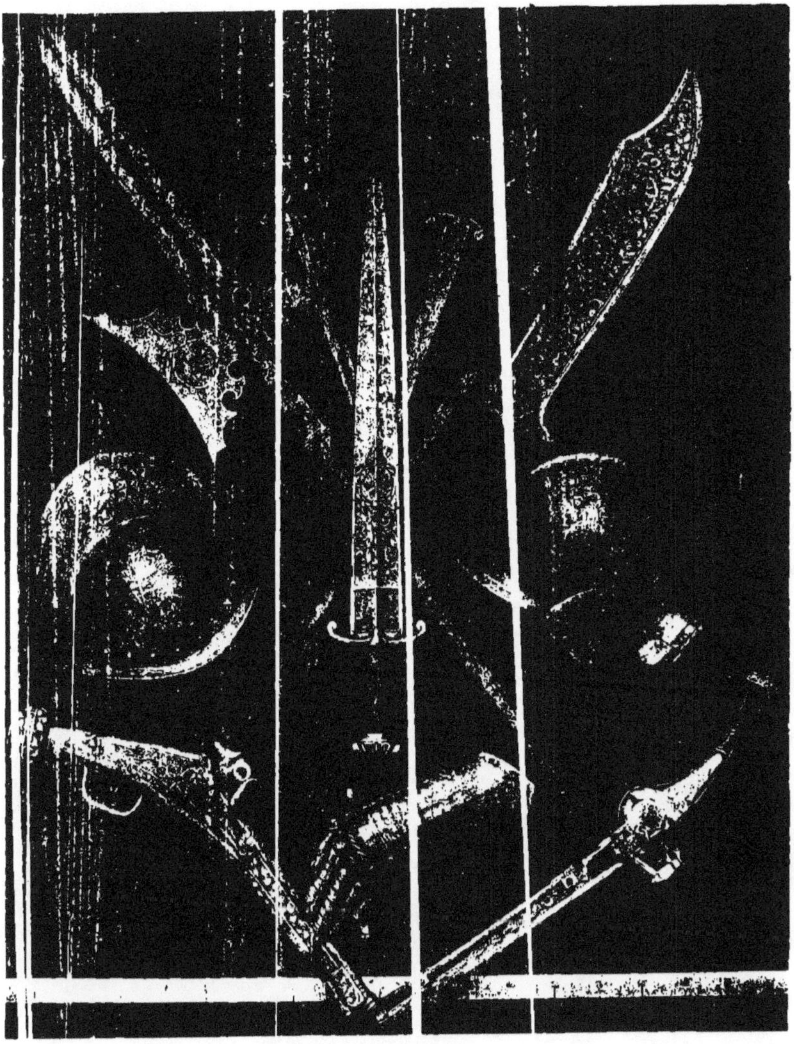

SAMMLUNG KUPPELMAYR.

SAMMLUNG KUPPELMAYR.

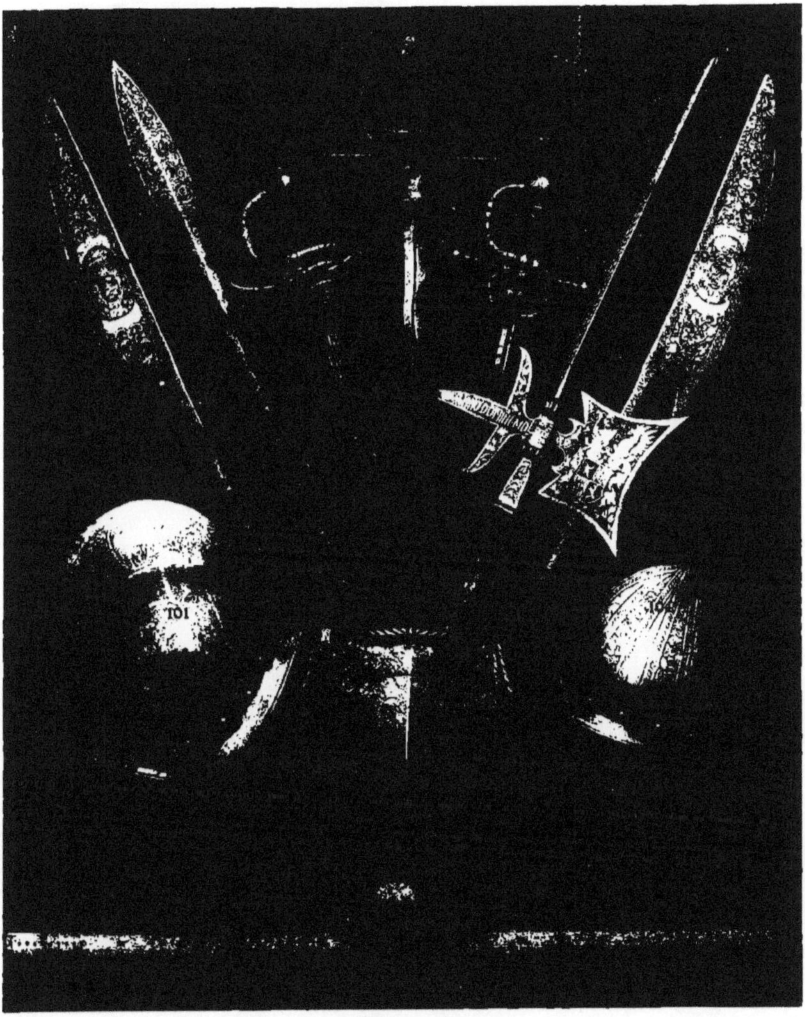

SAMMLUNG KUPPELMAYR.

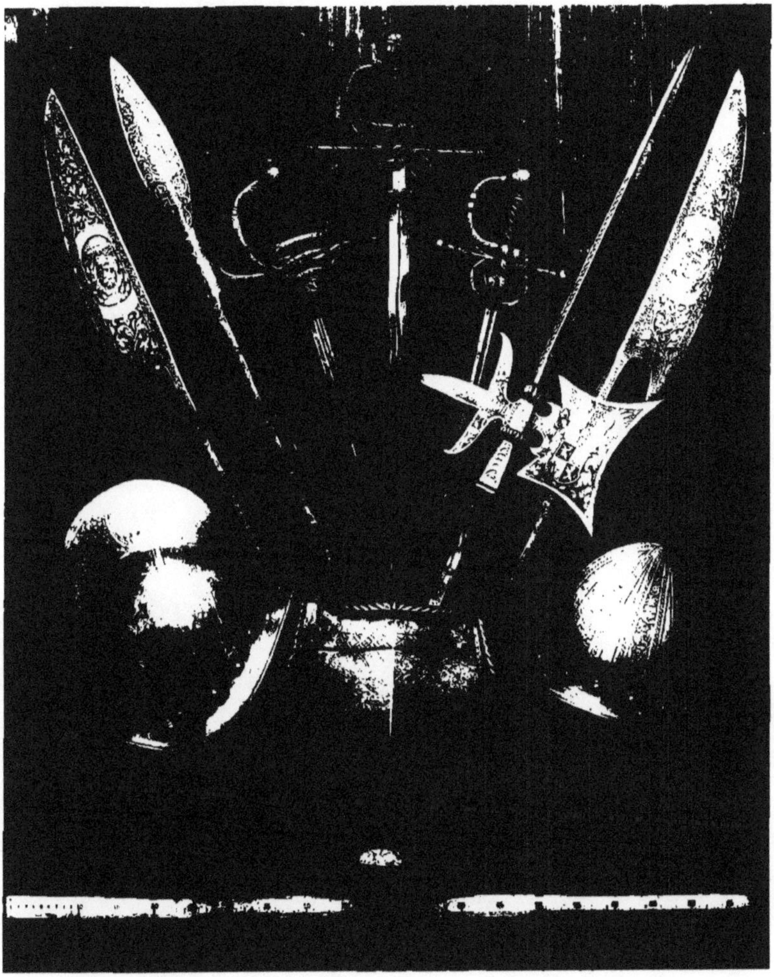

SAMMLUNG KUPPELMAYR.

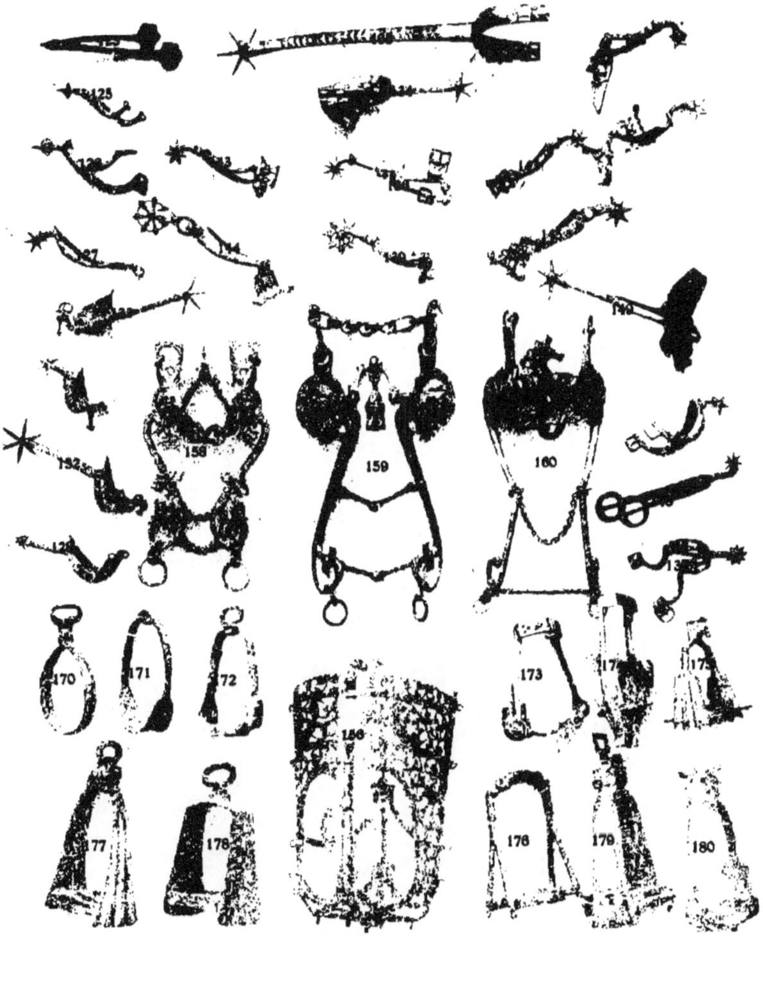

SAMMLUNG KUPPELMAYR.

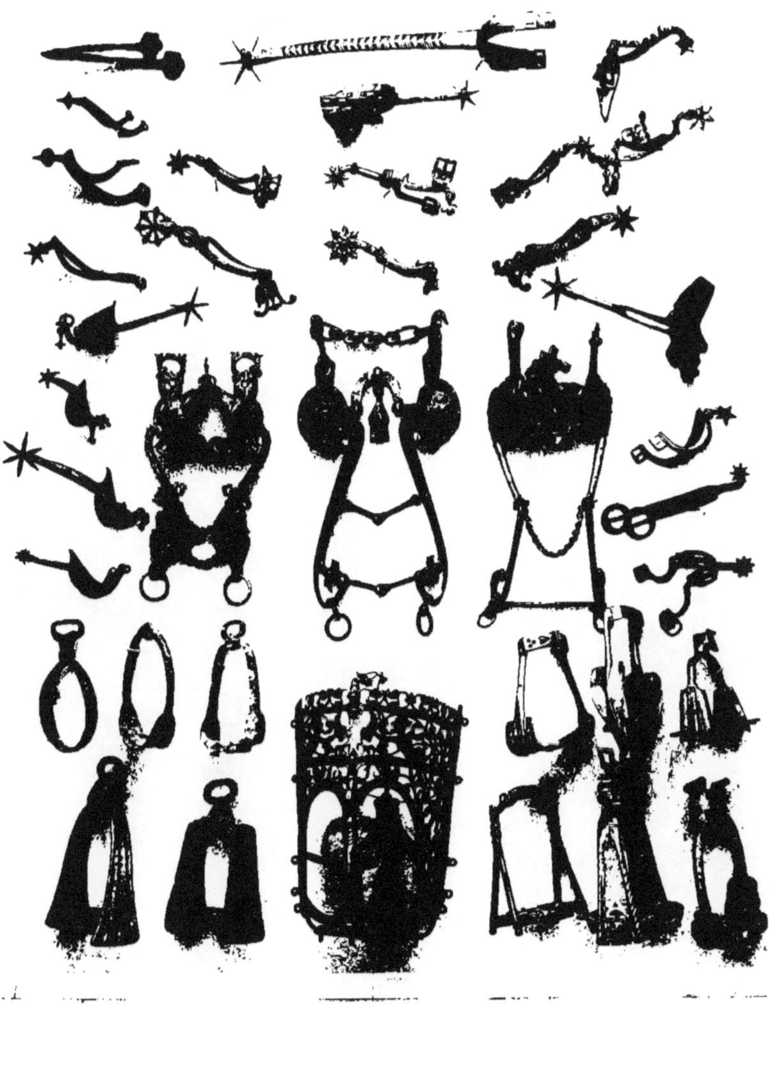

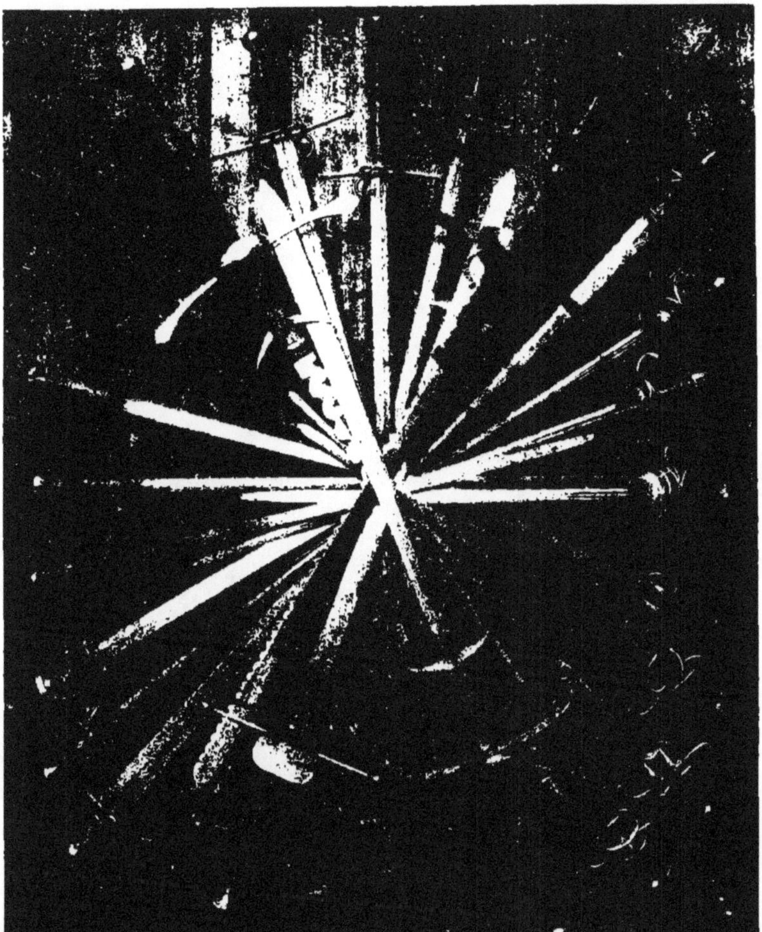

SAMMLUNG KUPPELMAYR.

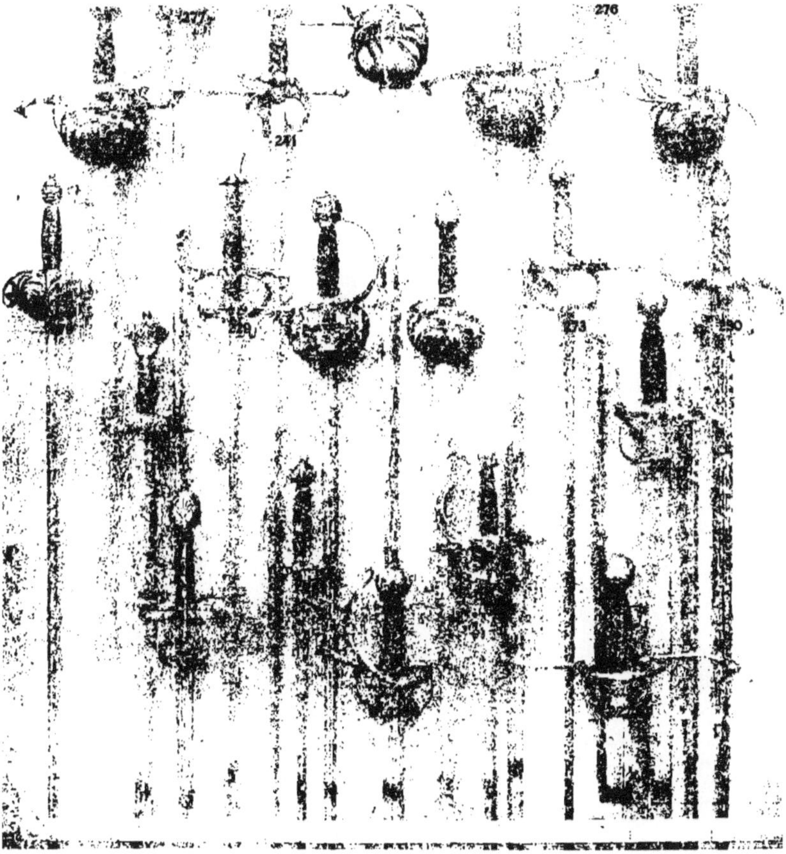
277
276
241
273

276 277

239

240 241

237 243

230 273 229 279

238 280

226

225

285

274

275

227 228

SAMMLUNG KUPPELMAYR.

SAMMLUNG KUPPELMAYR.

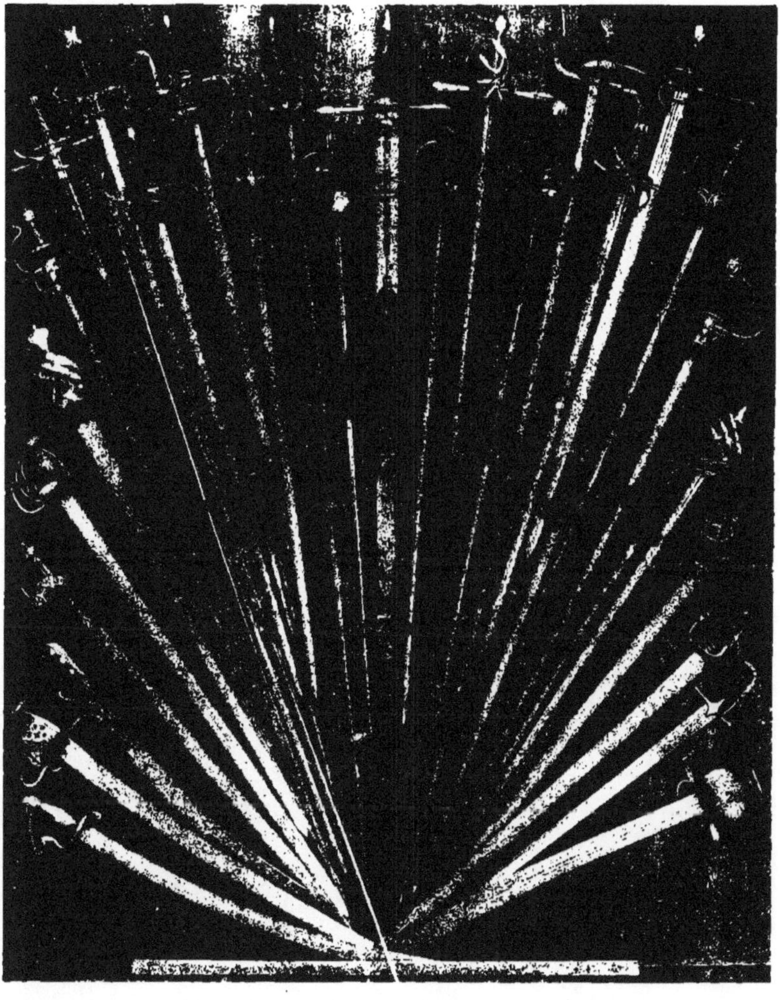

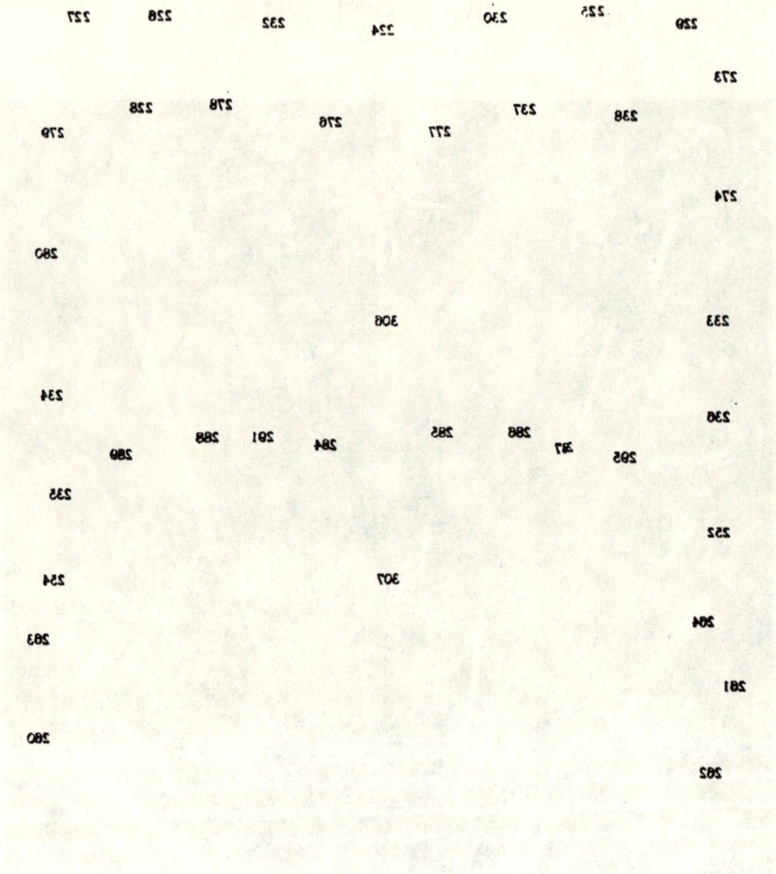

SAMMLUNG KUPPELMAYR.

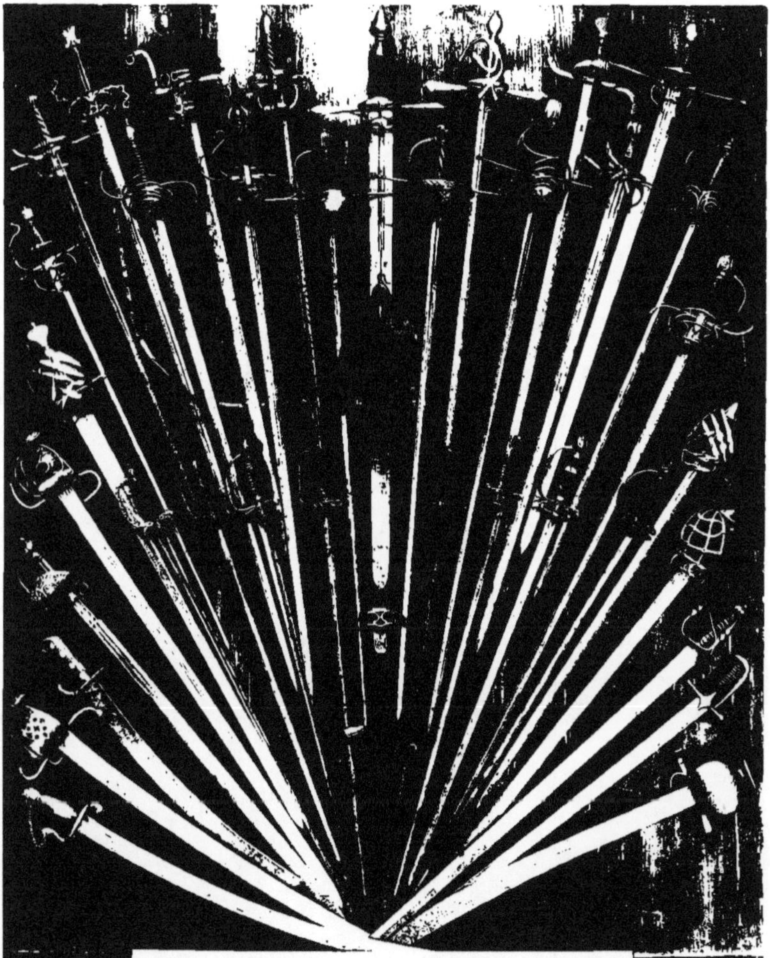

SAMMLUNG KUPPELMAYR.

SAMMLUNG KUPPELMAYR.

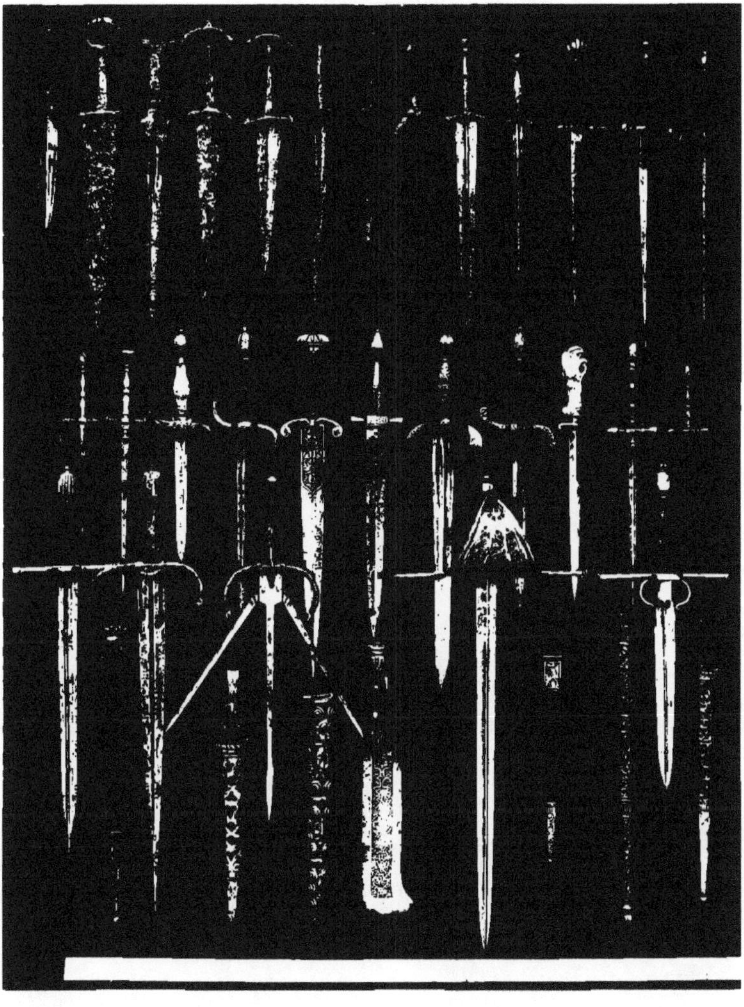

411
408
400

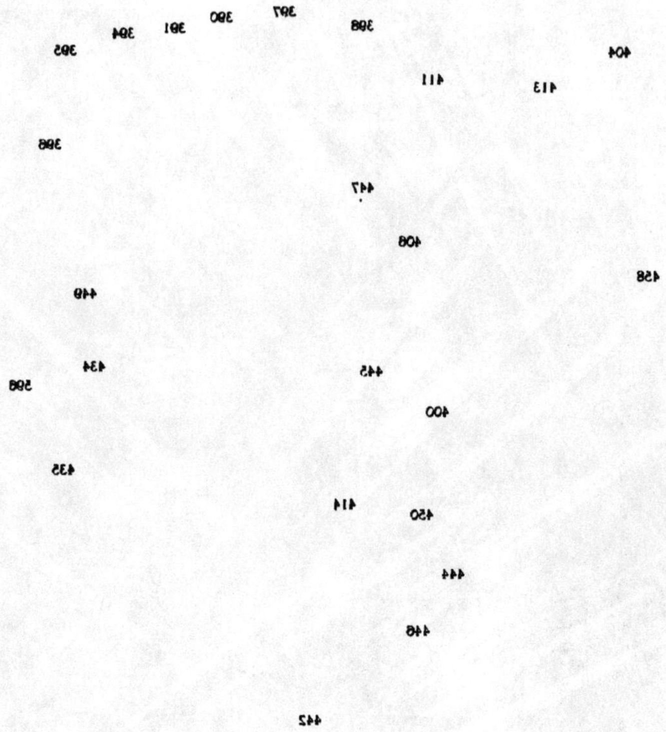
397
390
391
394
398
395
404
411
413
396
447
408
458
440
434
445
400
435
414
450
444
446
442

SAMMLUNG KUPPELMAYR.

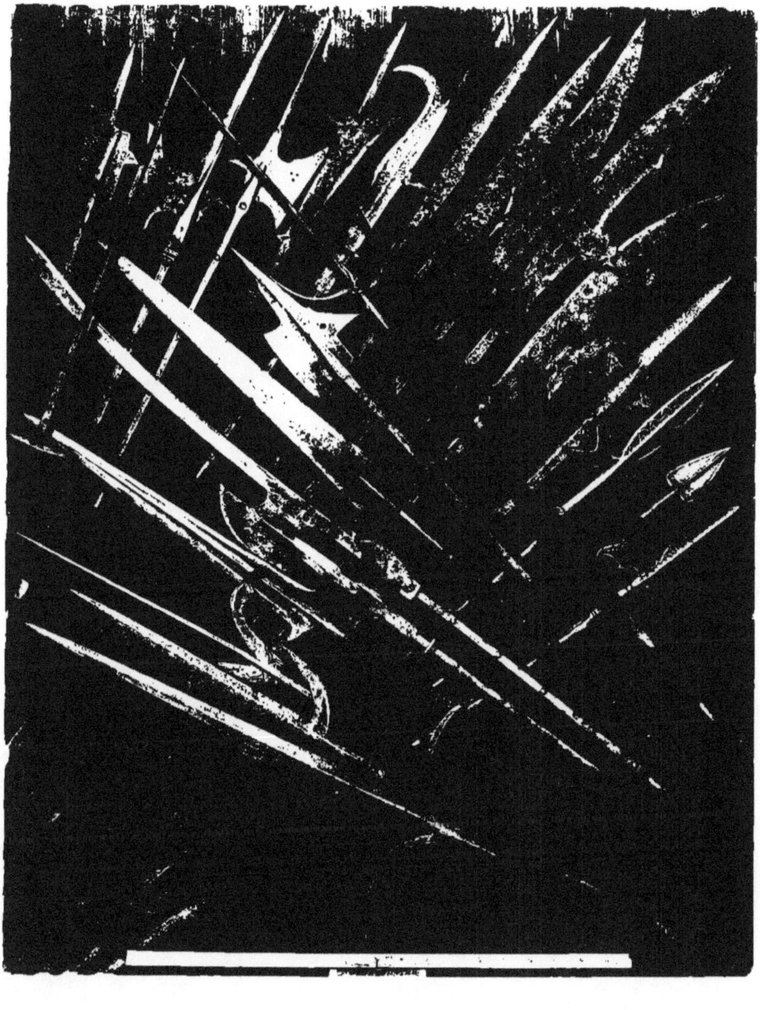

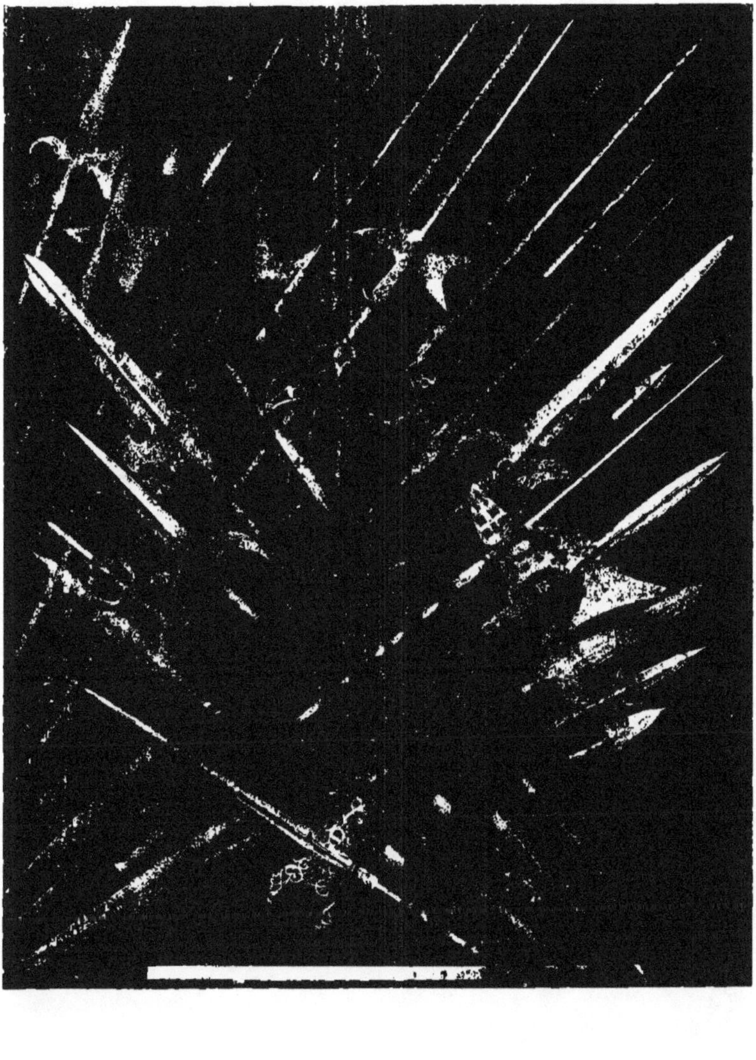

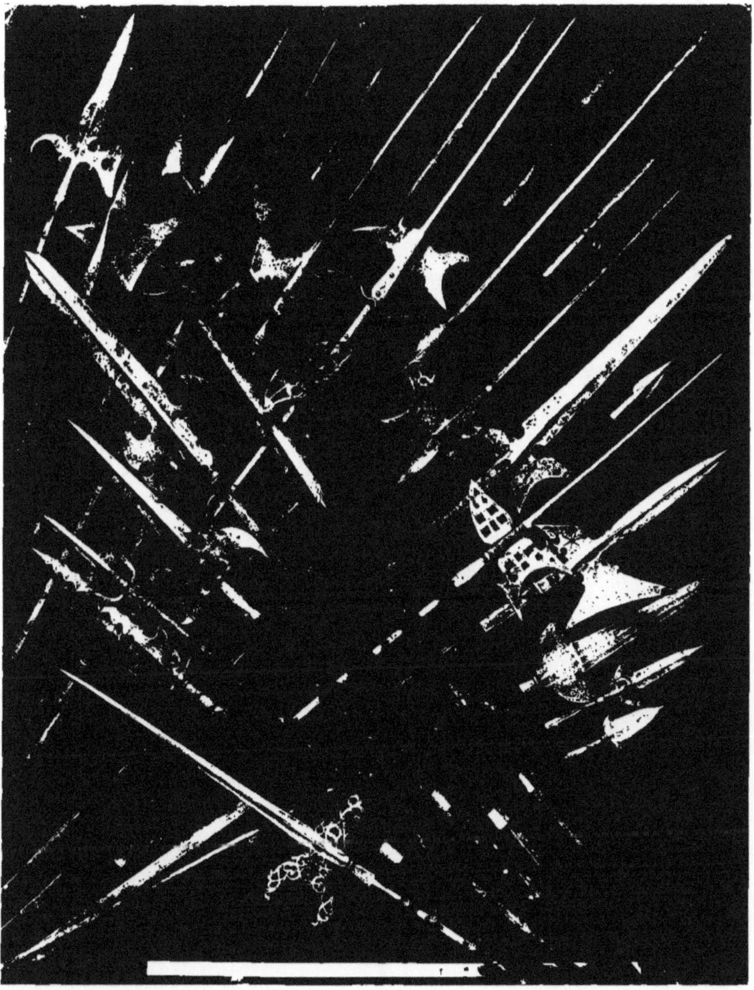

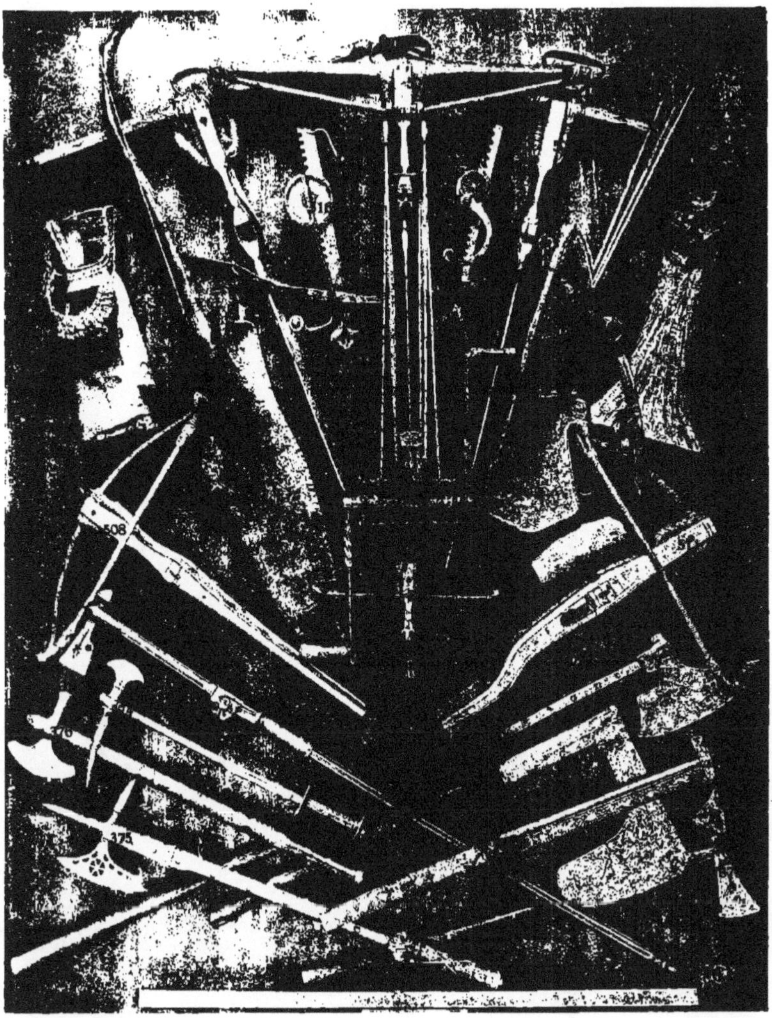
508
376
375

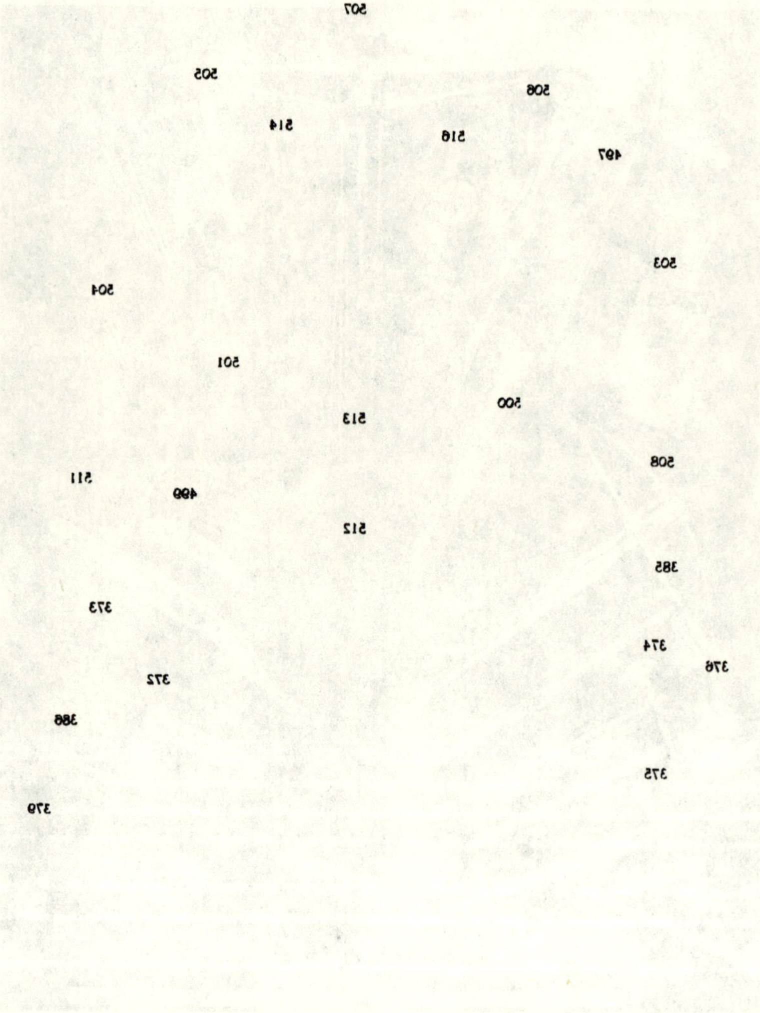

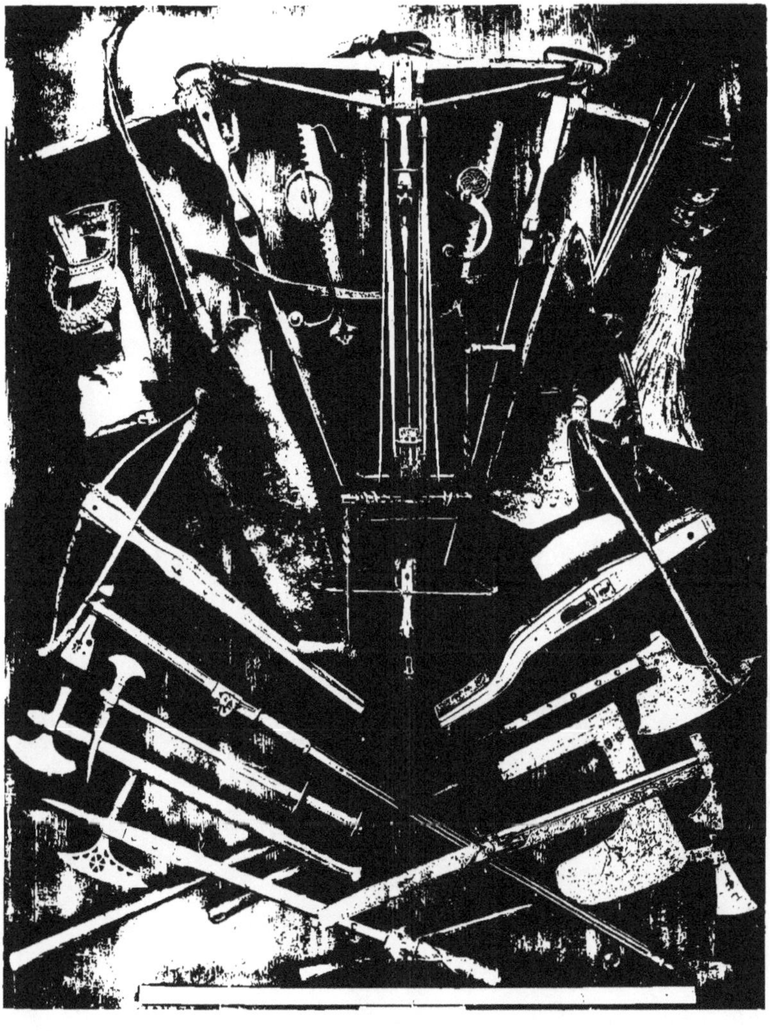

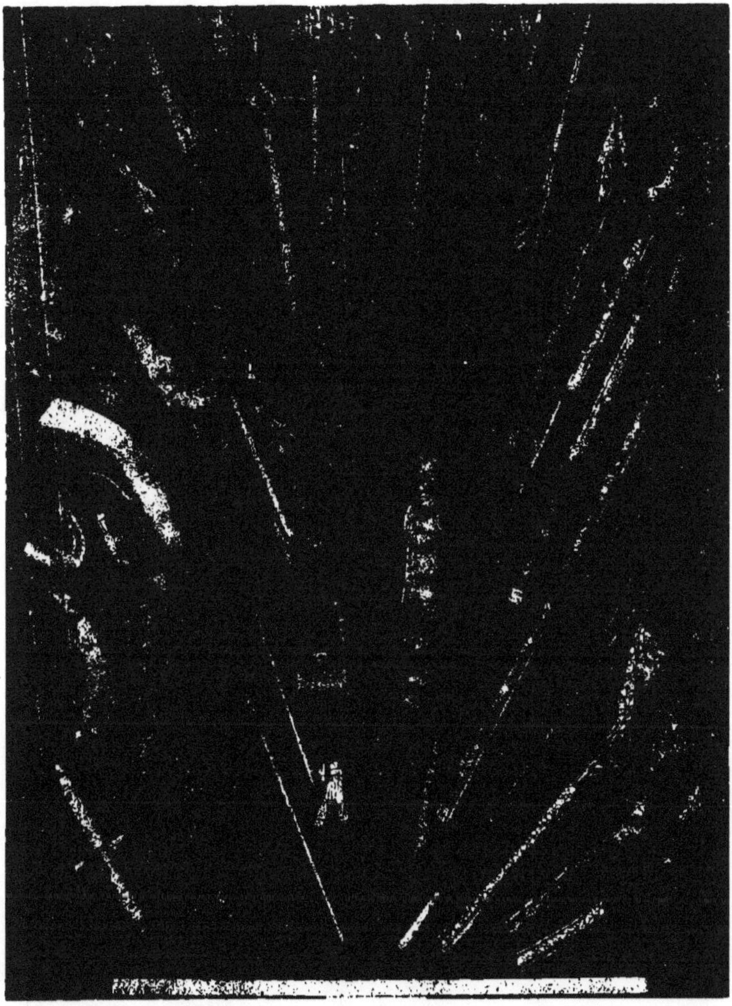

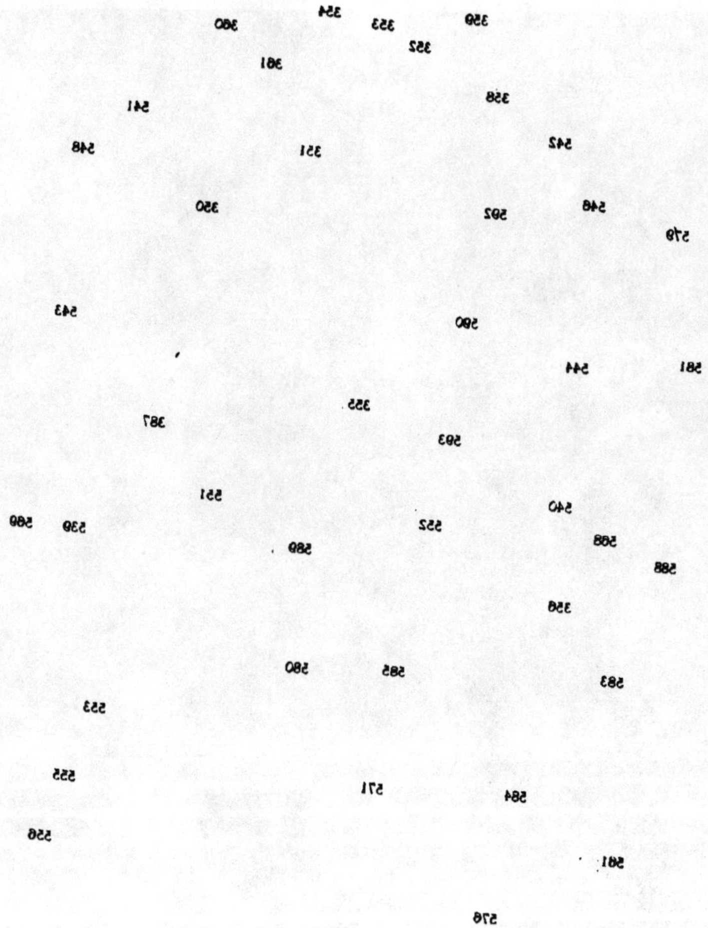

SAMMLUNG KUPPELMAYR.

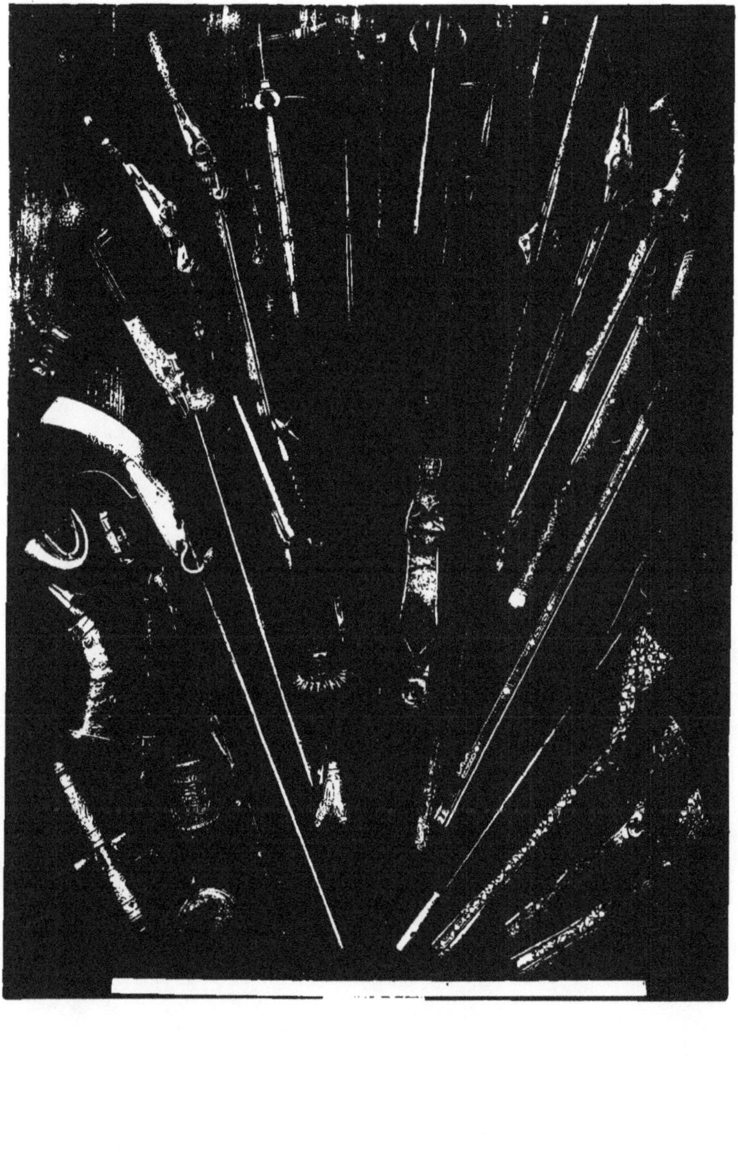

SAMMLUNG KUPPELMAYR.

www.ingramcontent.com/pod-product-compliance
Lightning Source LLC
Chambersburg PA
CBHW030849270326
41928CB00008B/1294
9783337304645